DAS KULTURELLE GEDÄCHTNIS • VERLAG •

ASTV NON VI

Jürgen Dahl

EINREDE GEGEN DIE MOBILITÄT

DER ANFANG VOM ENDE DES AUTO-MOBILS

EINREDE GEGEN PLASTIC

Mit einem Vorwort von Jürgen Trittin
Herausgegeben von Wolfgang Hörner

Vorrede von
Jürgen Trittin
6

EINREDE GEGEN DIE MOBILITÄT
21

DER ANFANG
VOM ENDE DES AUTOMOBILS
37

EINREDE GEGEN PLASTIC
73

Zur Person
Jürgen Dahls
104

EINREDE GEGEN DIE ZERSTÖRUNG DER ERDE

Das Wissen der Babyboomer-Generation: Jürgen Dahls Texte aus den Siebzigern

Jürgen Trittin

Zum Jahreswechsel 2019/2020 erschütterte *#Omagate* die Republik. Ein satirisches Kinderlied verulkte die Generation der Großeltern als „Umweltsau". Dagegen machte die Rechte mobil. WDR Intendant Tom Buhrow knickte vor der inszenierten Wut von rechts ein. Er kassierte den Beitrag. Er meinte, das seinem Vater schuldig zu sein. Doch in Wahrheit war er selbst, war seine Generation gemeint. Buhrow ist Jahrgang 58. Die Generation der (Baby-) *Boomer* sind die Omas und Opas von heute. Da hörte der Spaß auf.

Ich bin 1954 geboren. Ich habe über das Lied geschmunzelt. Die berechtigte Frage aber, die die Generation *#FridaysForFuture* angesichts der Klimakrise an uns stellt, lautet doch: Warum habt Ihr nichts getan? Und die zweite Frage lautet: Habt Ihr nichts gewusst? Es sind übrigens die gleichen Fragen, die wir unseren Eltern gestellt haben.

Mit dem Reprint von Jürgen Dahls *Einreden* wird dokumentiert, dass die Generation der *Boomer* eines nicht kann. Sie kann sich nicht auf Unwissen berufen. Ob Plastik oder Auto, es gab schon damals im Lichte der Ökologie keinen Mangel an Wissen. Nun hat Dahl viel veröffentlicht – zu Gartenfragen wie zur *Metaphysik der Atomenergie-Erzeugung* aber auch gegen die Mengenlehre. Seine Texte hatten eine große Verbreitung – unter anderem über den WDR.

Dahl war nicht allein. Wir hatten in der 12. und 13. Klasse einen Biologielehrer namens Schröder. Der war zwar jung – aber kein 68er. Uns versuchte er die Verhaltensforschung des Konrad Lorenz nahezubringen. Was wir linke Schüler als biologistische Erblehre ablehnten, wir verwiesen auf die Rolle von Lorenz im Rassenpolitischen Amt der NSDAP. Aber dieser konservative Biologielehrer hat mir auch meinen ersten ökologischen Text nahegebracht. Es war der Bericht des *Club of Rome* zu den *Grenzen des Wachstums* im Jahre 1972.

Aus dieser Zeit stammen die vorliegenden Texte von Jürgen Dahl. Sie lohnen heute noch, wieder gelesen werden. 1972 sah er den *Anfang vom Ende des Autos*. Von 1974 stammen seine *Einreden* gegen die Mobilität und gegen das Plastik.

Lesen wir diese Texte mit dem Abstand der fast 50 Jahre, so sind wir geneigt sie darauf abzuklopfen, welche der Prognosen von Dahl zutrafen und welche nicht. Er beschreibt im Detail die Versuchungen des Kunststoffes und analysiert Segen wie Fluch seiner Haltbarkeit. Aber das Ausmaß der Vermüllung der Meere und die Anreicherung unserer Nahrungsketten mit Mikroplastik hat er nicht beschrieben.

Doch solche rückblickende Besserwisserei geht an seinem Ansatz vorbei. Dahl versuchte ein Thema von Grund auf zu durchdenken und mögliche Konsequenzen aufzuzeigen. Und er bricht mit landläufigen Selbstgewissheiten.

Das ist schön nachzulesen in der *Einrede gegen die Mobilität*. Während in Deutschland wohl zum 100sten Mal eine Debatte um das Tempolimit auf Autobahnen geführt wird, hinterfragt Dahl eine der häufigsten Metaphern in diesem Streit. Es geht um die „Freiheit" – die angeblich durch ein Tempolimit behindert wird.

Dahl konnte darin keine Freiheit erkennen. Für ihn ist es eine „vermeintliche Freiheit". Die Freiheit, „*bei der Berufsausübung jede denkbare und erwünschte Mobilität walten zu lassen, ist nichts als das mindestnötige Äquivalent dafür, dass man auf dem Arbeitsmarkt, statt sich zu bewegen, auch aufs übelste bewegt werden kann.*"

Das gilt nicht nur für die Arbeit. Es trifft das Leben insgesamt. „*Wenn die Entfernung beseitigt wird, wenn Hier und Dort dasselbe sind, dann wird gleichgültig, ob man sich hier oder dort befindet.*"

Die Antwort, die Dahl darauf gibt, lautet nicht, sich einfach gute Vorsätze zu machen. Heute würden wir sagen: *Flugscham* hilft nicht. Oder mit Jürgen Dahl: „*Der freiwillige Verzicht auf Mobilität ist nicht mehr möglich ... Aus dem Taumel der totalen Mobilmachung findet man nicht von heute auf morgen heraus.*" Er fordert stattdessen andere Rahmenbedingungen. Dafür muss es eine „*Verknappung und Verteuerung dieser Energie*" geben. Der Energie, die für den Verkehr benötigt wird.

Bekanntlich hat es diese Verteuerung bis heute nicht gegeben. Dahl beschreibt nicht nur, wie Straßenbau neuen Verkehr erzeugt. Er verweist auch darauf, wie der „*Masseverkehr*“ – also Busse und Bahnen – unzureichend finanziert wird, während dem motorisierten Individualverkehr durch Straßenbau und Steuergesetzgebung Milliarden zugeschoben werden.

So ist das „Irgendwann“ von Dahl bisher nicht eingetreten. „*Irgendwann werden die Autos sterben, und wir können sagen, wir wären dabei gewesen, als ihre Agonie begann.*“

Stattdessen steigen die Treibhausgasemissionen im Verkehr weiter ungebremst an. Grund dafür ist nicht nur ein wachsender LKW-Verkehr für Produktion *just in time*. Auch die PKWs sind seit den siebziger Jahren um so viel schwerer geworden, dass selbst doppelt effiziente Motoren es nicht ausgleichen konnten. Im Jahr der Streiks von *#FridaysForFuture* erreichte der Autoabsatz in Deutschland einen neuen Höhepunkt. Dabei stieg der Absatz schwerer *Sport Utiliy Vehicles* um ein Fünftel.

Dennoch ist die Lektüre von Jürgen Dahl heute überraschend aktuell. Seine Aufsätze belegen: Es gibt keinen Mangel an Wissen über die Klimakrise. Es gibt keinen Mangel an Wissen wie man ihr begegnen müsste. Und es gibt keinen Mangel an Instrumenten die Klimakrise zu bekämpfen. Fast alles lag schon Anfang der Siebziger Jahre offen vor uns.

Heute – ein halbes Jahrhundert später – müssen wir feststellen, dass die Prognosen der Klimaforscher keine Schwarzmalerei waren. Im Gegenteil. Sie waren, was seine Folgen angeht, zu optimistisch. Das Abschmelzen von Gletschern, das Auftauen von Permafrostböden, die dramatischen Wetterverschiebungen, nicht nur in Australien, alles trat früher ein, als noch Anfang dieses Jahrtausends prognostiziert. Es gab weniger *Klimahysterie* als ein Übermaß an Optimismus.

Aber Jürgen Dahl gibt auch Hinweise, warum aus dem Wissen keine Politik wurde. Es gab und es gibt Interessen die das verhindern: *„Dass die Volkswirtschaft von der Autoindustrie abhängig sei, weil jeder zehnte von dieser Industrie lebt, ist ja in Wahrheit gar kein Argument für ihr Florieren sondern müsste im Gegenteil der ernste Anlass sein, auf eine Reduzierung zu drängen – denn nichts erscheint gefährlicher,* *als dass das Wohlergehen der Bundesrepublik von einer Industrie abhängt.“*

Bundesregierungen wie Bundestag haben sich mehrheitlich häufig die kurzfristigen Renditeinteressen großer Konzerne zu Eigen gemacht. Sie haben privaten Profit zum Allgemeinwohl umdefiniert. So unterblieben entschiedene Schritte gegen die Klimakrise, gegen die Betonierung der Landschaft. Die Mobilitätinteressen von Rad-, Bus- und Bahnfahrern wurden missachtet. Regierung und Parlament haben unterbunden, dass aus wissenschaftlicher Erkenntnis Politik wurde. So wurden nicht zukunftsfähige Strukturen konserviert.

Dieser Strukturkonservatismus ist es, gegen den freitags Schüler streiken und sonntags Jugendliche Braunkohlebagger besetzen, Menschen Mahnwachen für getötete Radler organisieren.

Strukturkonservatismus ist nicht rechts oder links. Er findet sich bei der Union im anhaltenden Schulterschluss mit den Industrielobbies. Er findet sich bei SPD und Linken im Zusammenwirken mit den strukturkonservativen Teilen der Gewerkschaften. Strukturkonservatismus überbrückt den Widerspruch zwischen Kapital und Arbeit. Das Fundament dieser Brücke ist eine Fixierung auf ein quantitatives Wachstum der Wirtschaftsleistung.

Dass Dahls Prognose vom Ende des Autos noch nicht eintrat, hat mit dem Strukturkonservatismus zu tun. Zwar gelang es, mit der deutschen *Energiewende* eine globale Revolution in der Stromerzeugung anzustoßen. Inzwischen wachsen global jedes Jahr die Kapazitäten von Windrädern und Solarpanels schneller als die der fossilen und fissilen Kraftwerke.

Aber im Verkehrssektor tat sich fast gar nichts. Technische Lösungen wie der Einbau von Partikelfiltern wurden über Jahre von einer Allianz von Gewerkschaften und Industrie verzögert. Die Invesitionen für Schienen wurden erhöht, die für Straßen aber nicht gesenkt. Einfache Regulierungen wie ein Tempolimit auf Autobahnen provozieren bis heute wütende Unterschriftskampagnen. Das Recht auf Rasen ist vielen Deutschen so heilig, wie Trump-Anhängern das Tragen von Waffen. Die deutsche Nationalneurose lebt munter fort.

Der Stillstand in der Verkehrspolitik hat Folgen. Die beachtlichen Reduzierungen der Emissionen aus der Stromerzeugung wurden lange aufgefressen von steigendem Ausstoß im Verkehrssektor. Deutschland wurde vom Klimavorreiter zum Klimablockierer in Europa. Über ein Jahrzehnt sanken seine Treibhausgasemissionen nicht, sondern stagnierten bei 900 Mio. Tonnen.

Doch der Strukturkonservatismus hat weder den Niedergang von RWE und E.ON noch die aktuelle Krise der Automobilindustrie verhindern können. Blockierte und verschlafene Innovationen schädigen nicht nur globale Gemeinschaftsgüter wie Klima und Gesundheit. Sie führen zum Verlust von Marktanteilen.

Dennoch verweigert es die Bundesregierung, den gesellschaftlichen Konsens zum Kohleausstieg in ein Gesetz umzusetzen. Ein Konsens, der vorsah, beginnend mit 2020 kontinuierlich Kohlekapazitäten aus dem Netz zu nehmen, um Anfang der 30er Jahre zu entscheiden, ob der letzte Meiler vor 2035 oder 2038 vom Netz geht.

Auf diesen Konsens hatten sich Industrie, Gewerkschaften und Umweltverbände in zähen Verhandlungen geeinigt. Eine Konsensbereitschaft, die bei Dahl in seinem Apell an die Vernunft mitschwang. Die er aber nicht vorhersehen konnte. Nun will die Bundesregierung nichts tun, aber alles zu Beginn der 30er Jahre abschalten. Es gibt viel zu tun, warten wir es ab.

Der Strukturkonservatismus ist nicht nur ein Ausdruck oligopolistischer Industrie- und organsierter Arbeitnehmerinteressen. Selbst dort, wo diese sich bewegen, gebricht es strukturkonservativer Politik an der Bereitschaft zu verändern. Strukturkonservatismus ist eine Kultur, nicht einfach eine Pose, die so einfach abgelegt wird. Aus Angst vor Veränderung wird noch die letzte Ausrede gesucht, um sich nicht bewegen zu müssen.

Wenn selbst RWE für einen schnelleren Kohlausstieg ist, dann bleibt immer noch die Angst vor der AfD als Ausrede. So wurden dem Eigentümer der ostdeutschen Braunkohle – ein tschechischer Hedgefonds – 1,7 Mrd. Steuergelder hinterhergeworfen, damit er die Kraftwerke zu dem sowieso vorgesehenen Ende abschaltet. Der Fonds hatte für die Kraftwerke nicht nur nichts bezahlt, sondern vom vormaligen Eigentümer Vattenfall schon einmal rund 1,6 Mrd. bekommen, damit er sie bloß übernimmt.

Gegen tumbe Beharrlichkeit hat Dahl geschrieben. Im Großen, wie im Kleinen. Wenn er die evolutionären Veränderungsprozesse in seinem Garten beschrieb, ebenso in seinen Plädoyers, die Strukturen dieser Gesellschaft zu verändern. Er wusste: wollen wir die Welt erhalten, müssen wir sie verändern. Wir müssen die Welt so grundlegend verändern, dass wir sie in ihren planetaren Grenzen erhalten. So denkt ein Wertkonservativer.

Der Strukturkonservatismus allerdings beginnt zu bröckeln. Trotz der Haltung der Großen Koalition gingen 2019 mehrere Kohlekraftwerke vom Netz. Die Treibhausgasemissionen sanken doch wieder, weil eine andere Bundesregierung vor anderthalb Jahrzehnten die Energiewende und den Emissionshandel durchgesetzt hat. Der größte Investor der Welt *Blackrock* warnt vor fossilen Investments. Die IG Metall arbeitet aktiv an der Umgestaltung der Autoindustrie in Richtung E-Mobilität. Und nun will sogar der ADAC nicht mehr gegen ein Tempolimit auf Autobahnen streiten.

Jürgen Dahls Einreden gegen die Mobilität, gegen die Atomkraft, gegen das Plastik sind eben nicht ungehört verhallt. Einige Änderungen haben die *Boomer* auf den Weg gebracht. Dass seinen Ideen aber solche Aufmerksamkeit zuteilwird, ja daraus Druck entsteht, ist einer Generation zu verdanken, der das Klima wichtiger als die Schulpflicht ist.

EINREDE GEGEN

DIE MOBILITÄT

Seit das Auto ins Gerede gekommen ist, hört man von allen Seiten Empfehlungen, wie die Verkehrsmisere zu steuern sei: mit gutem Willen oder mit hohen Abgaben, mit vernünftiger Planung oder mit einem der brandneuen, garantiert unschädlichen Beförderungssysteme, die den Ingenieuren dauernd einfallen. All diesen Alternativ-Vorschlägen zum gegenwärtigen Individualverkehr ist gemeinsam, dass sie stillschweigend von der Voraussetzung ausgehen, das derzeit praktizierte Maß an Fortbewegung pro Kopf und Jahr müsse unbedingt erhalten bleiben und dies sei technisch und wirtschaftlich möglich. Zu einer tiefer reichenden Ergründung der Verkehrsprobleme aber würde doch wohl auch gehören, dass man einmal prüft, ob denn nicht vielleicht unsere Ansprüche an die Mobilität als solche überzogen sind, ob nicht unser Liebesverhältnis zur beliebigen Ortsveränderung perverse Züge trägt und, wenn es, wie auch immer, fortgesetzt wird, zur Auszehrung führen muss.

Mobilität ist die Freiheit, sich von einem Ort an einen anderen zu begeben, wann immer man will –, eine Freiheit, die gewöhnlich als Steigerung des Lebensgenusses angepriesen und oft genug als Inbegriff der Freiheit überhaupt ausgegeben wird: eine bemerkenswerte Einengung des Freiheitsbegriffs auf den eher peripheren Aspekt der Fortbewegung. Niemand wäre demnach unfreier als ein Eskimo in seinem Iglu.

(Freier, so sollte man doch denken, ist derjenige, der über seine Zeit nach Belieben verfügt. Ob er diese dazu nutzt, sich im Raum fortzubewegen, ist eine nebensächliche Frage.)

Zu welchem Zweck und aus welchem Antrieb sich der Freizügige seiner Freizügigkeit bedient, davon ist meist nur andeutungsweise die Rede, – mit gutem Grund, denn eine Liste der Zwecke würde offenbaren, dass die vermeintliche Freiheit bitter nötig ist, um Zwänge aller Art vergessen zu machen, sie ist eher ein Trostpflaster als ein Geschenk. Die partielle Unabhängigkeit kaschiert nur dürftig die sehr viel tiefer reichenden Abhängigkeiten, deren einige sie selbst mit hervorgebracht hat:

Wenn der Milchmann nicht mehr an die Haustür kommt, dann ist es ein fauler Trick, dass man die Möglichkeit, die Milch mit dem Auto selber zu holen, als liebenswerte Mobilität ausgibt. Und die Freiheit, bei der Berufsausübung jede denkbare und erwünschte Mobilität walten zu lassen, ist nichts als das mindestnötige Äquivalent dafür, dass man auf dem Arbeitsmarkt, statt sich zu bewegen, auch aufs Übelste bewegt werden kann. Die Vorstellung, Mobilität sei eine Gratisdreingabe zum modernen Leben, ist unzutreffend.

Dass Immanuel Kant sich sein ganzes Leben nicht aus Königsberg fortbewegt hat, macht ihn in den Augen unserer schnellen Zeitgenossen bedauernswert bis lächerlich, weil sie nicht mitzählen, dass im 18. Jahrhundert in Königsberg zu bleiben weitaus weniger peinigend war als die Zumutung, im 20. Jahrhundert an Düsseldorf gefesselt zu sein. So wird der Flüchtlingstreck, der am Wochenende und im Urlaub das Weite sucht, umgedeutet zur fröhlichen Karawane derer, die ihr Leben zu genießen verstehen.

Der Einwand liegt nahe, so seien nun einmal die Zeiten und man dürfe einen solchen

Fluchtweg nicht versperren. Gewiss darf man das nicht, doch muss man zeigen, dass es einer ist; denn man hat ja gesehen, wie sein bloßes Vorhandensein bewirkt, dass das Zerstörungswerk in aller Ruhe fortschreitet: Wo es einen Ausweg gibt, auf den man die Leute verweisen kann, da kann das Grundübel einstweilen weiterwuchern, und wer den Ausweg nicht zu beschreiten vermag, der hat eben Pech gehabt: Der Mensch ist mobil und hat es zu sein, und wer es nicht ist, ist ein armer Hund. Die zweckmäßige Einrichtung dieser Welt orientiert sich nicht an der kranken Witwe im vierten Stock.

Das Lob der Mobilität erweist sich als Verdrehung: Nicht die schnelle und beliebige Fortbewegung ist in Wahrheit nötig und erwünscht für Arbeitszeit und Freizeit, für Einkauf und Verkauf, für Pflicht und Vergnügen, sondern es ist umgekehrt: die Art und Weise, in der das Leben abgehalten wird, hat sich den Möglichkeiten schneller Fortbewegung angeglichen. Dass es ohne sie heute nicht mehr gehe, besagt nur, dass es, gäbe es sie nicht, dann eben etwas anderes geben würde, – schlechter wäre dies nur, wenn es denn wirklich „schlechter“ ist, dass der kurzfristige Ortswechsel sich erübrigt.

Der Großeinkaufsmarkt auf freiem Felde weit vor der Stadt wurde erst möglich durch die private Motorisierung; gäbe es sie nicht, so würde uns ein Einzelhandel versorgen, der jetzt aus Gründen des motorisierten Wettbewerbs in Agonie liegt. Und so fort. Aus der Möglichkeit zur Fortbewegung wurde der Zwang zur Fortbewegung, die Freiheit der Ortsveränderung erbrachte die Nötigung, sich gefälligst fortzubewegen, wenn man überhaupt noch einem Beruf nachgehen oder Waren erwerben oder sonst irgendetwas tun will, was vor gar nicht langer Zeit mit einem Minimum an Fortbewegung bewerkstelligt wurde.

Mobilität also ist die Freiheit, sich von einem Ort an einen anderen zu begeben. Die Fortschritte der Technik haben dazu geführt, dass dieser Vorgang sich erstens immer schneller und zweitens zu jedem gewünschten Zeitpunkt vollzieht. Mobilität bedeutet demnach nicht nur Fortbewegung, sondern schnelle Fortbewegung zu jeder beliebigen Zeit. Die unablässige Verbesserung dieses Verfahrens hat insgeheim das Ziel, den Zeitverbrauch für den Vorgang der Ortsveränderung auf den Wert Null zu reduzieren, gleichsam durch Knopfdruck im Handumdrehen von hier nach dort zu gelangen, – eine Art Telekinese, der technische Fortschritt in asymptotischer Annäherung an die reine Magie. Das ist noch nicht so weit, doch gibt es immerhin Reisebüros, die für zweihundert Mark einen Sonntagsausflug nach Korsika anbieten können, Rückkehr gegen 22 Uhr.

Die Zeit, soweit sie der Überwindung des Raumes dient, soll aus dem Leben als etwas Störendes eliminiert werden. Korsika ist nebenan, und gleich dahinter kommen die Bahamas. Der Raum soll überwunden werden, ohne dass es Zeit „kostet“, was nichts anderes heißt, als dass damit auch der Raum, der die Orte trennt, verschwindet. Zwischen Hier und Dort ist dann kein Unterschied mehr. In einem trivialen Sinne ist das beim Nachmittagskaffee in Korsika schon verwirklicht, denn dieser unterscheidet sich ja nur durch die Kulisse von einem Nachmittagskaffee in der Eifel. Ganz Ähnliches geschieht auf dem Campingplatz, der am Ende so vieler Wochenendfahrten steht und der nichts anderes ist als eine Kolonie, in der die mobilen Nomaden gleich wieder Fuß fassen, sich dem strengsten Reglement geordneter Ansiedlung unterwerfen und alle Attribute ihrer Sesshaftigkeit wieder aufbauen, indem sie Zäune ziehen und Geranienkästen aufstellen: Der Drang in die Weite endet alsbald in einer Idylle.

Man hüte sich, darüber zu spotten: Bei aller Behelfsmäßigkeit der Fluchtumstände ist dies immerhin eine erreichbare Alternative für die, die es zu Hause nicht aushalten können. Gerade der rührende Versuch, mit allen Unzuträglichkeiten auf der Flucht wieder sesshaft zu werden, zeigt deutlich genug, dass die ganze Mobilität nichts anderes ist als eine Ersatzbefriedigung und dass am Ende der Unterschied zwischen dem Hier und dem Dort nur die Kulisse betrifft. Die Frage, ob sich das Unbehagen an der heimischen Kulisse nicht auf anderem Wege beheben ließe als durch das unangemessen kostspielige Unternehmen einer solchen Flucht, liegt nahe.

Dies alles wird freilich verschleiert durch den lauten Aufwand, den man um die Ortsveränderung als Wert und Freiheit betreibt und der noch eine weitere Folge hat: Die Möglichkeit der Fortbewegung schafft neue Bedürfnisse, die alle nur Verkleidungen des Grundbedürfnisses sind: das Angebot der Fortbewegung, da es einmal gewährt wird, auch zu nutzen, aus Prinzip gewissermaßen eine Art von Völlerei zu betreiben. Mit der Zahl der so erlangten Eindrücke und Wahrnehmungen sinkt das Vermögen, sie zu speichern oder zu verarbeiten, mit der Frequenz nimmt die Intensität ab. Dies ist ein Gemeinplatz, natürlich, doch wird die Tatsache von allen, die die Mobilität als solche rühmen, möglichst ignoriert; sie preisen die Entfaltung der Persönlichkeit, das Erlebnis der Ferne, die Erweiterung des Horizonts, insonderheit durch das eigene Auto. Doch ist dies, von nahem besehen, eine maßlose Überschätzung der Kulisse und eine Verwechslung des Erlebnisses mit dem bloßen Registrieren des Panoramas; je schneller die Kulisse wechselt, umso flüchtiger und ungenauer werden die Wahrnehmungen, an die Stelle des Intensiven tritt das Extensive, in jeder denkbaren Ausprägung, und das Extensive ist immer ein Verlust an Wirklichkeit. Die Abschaffung der Zeit, die zur Überwindung des Raumes nötig ist und die daraus folgende Abschaffung des Raumes, also die Beseitigung der Kategorien unserer Anschauung, verursacht die Empfindung von Unwirklichkeit: Dass die Landschaft „vorbeifliegt“, ist ein fröhlicher Euphemismus für den Umstand, dass sie fast gar nicht wahrgenommen wird. Und der Nachmittagskaffee in Korsika ist spätestens drei Tage danach in hohem Maße irreal geworden – ist man wirklich da gewesen?

Trotz solcher Defekte gilt die Mobilität als eine die Lebenssteigerung garantierende und für diese unentbehrliche Errungenschaft. An ihrer Verbesserung wird rastlos gearbeitet. Das Ziel, den Zeitverbrauch für die Ortsveränderung auf das eben mögliche Minimum zu reduzieren, wird beim Transatlantikflug als Absurdität erkennbar: Unter Einsatz von Milliardensummen bemüht man sich, einen ohnehin zur Bedeutungslosigkeit geschrumpften Zeitverbrauch noch ein wenig zu mindern; der Aufwand gilt nur noch dem Prinzip, er steht in keinem angemessenen Verhältnis mehr zum Ergebnis, und es ist von vornherein klar, dass jene Milliarden nie und nimmer von den Fluggästen abkassiert werden können, die den Nutzen davon haben. Mit anderen Worten: Für die Verwirklichung des Prinzips zahlen alle, auch die Witwe im vierten Stock.

Da der Mensch nicht anders kann, als mit menschlichen Maßen zu messen, misst er den Raum an der Zeit, die es braucht, ihn zu überwinden. Wenn Zeit und Raum beseitigt werden, kommen dem Erlebnis die Strukturen der Anschauung abhanden. Das ist ein Verlust. Mit jeder Stunde, die an der Flugzeit von Frankfurt nach New York eingespart wird, ist nicht ein Zugewinn zu verbuchen, sondern eine Minderung des Erlebnisses, – die Reise verkommt zum Hopser.

Wenn die Entfernung beseitigt wird, wenn Hier und Dort dasselbe sind, dann wird gleichgültig, ob man sich hier oder dort befindet. Die beliebige Ortsveränderung hebt sich selber auf in dem Maße, wie sich der Zeitverbrauch dem Werte Null nähert: „Die Welt wird kleiner", ist ein Schlachtruf der Mobilität – als wäre es ein erstrebenswertes Ziel, die Welt immer kleiner und kleiner zu machen, – zu welchem Ende eigentlich – etwa, um sie schließlich ganz zum Verschwinden zu bringen?

Dass eine Steigerung der Mobilität nicht automatisch einen Zugewinn erbringt, sondern Depravation zur Folge hat, das wirkt sich dort am verheerendsten aus, wo die Mobilität ihre größten Versprechungen macht: auf dem Gebiet des menschlichen Kontaktes.

Die Möglichkeit, schnell jemanden zu besuchen, scheint schätzenswert und vorteilhaft für das Gedeihen menschlicher Verbundenheit. Doch wenn man jemanden schnell besuchen kann, dann führt das dazu, dass man ihn eben *schnell* besucht – vorausgesetzt, er ist überhaupt zu Hause, – denn je mehr Leute unterwegs sind, umso weniger können zugleich zu Hause sein. Der Austausch krankt am Mangel der Zeit, da jedermann die seine braucht, um einen anderen aufzusuchen. Das Verfahren hebt sich, mit wachsender Mobilität, selber auf, indem schließlich alle zugleich auf dem Weg zu den anderen sind und niemand niemanden antrifft.

Das Ergebnis des immensen Aufwandes ist demnach nicht die verheißene mitmenschliche Verbundenheit, sondern das gerade Gegenteil: die Isolierung. So übertrieben, wie das klingt, ist es nicht, und die Befürchtung, es könnte so kommen, findet Nahrung genug in der Anschauung dessen, was es gibt, und in der Extrapolation auf das hin, was allseits als erstrebenswerter Fortschritt gilt.

Nicht ohne Grund hat in der Schweiz jemand den Vorschlag gemacht, an den Rändern der Straßen Begegnungsstätten einzurichten, in denen sich die treffen können, die da unablässig aneinander vorbeifahren. Freilich würden sie sich, wie jeder Besuch in einer Autobahnraststätte lehrt, dann doch nur über die Details ihrer Mobilität unterhalten, über Fahrtrouten und Autotypen, über Stockungen und Straßenschäden: Die Wahrnehmungsfähigkeit des mobilen Menschen beschränkt sich mit wachsender

Geschwindigkeit auf die Begleiterscheinungen des Fortbewegungsvorgangs.

Wo, wie in Amerika, die Mobilität umfassend wörtlich genommen wird und auch die Immobilien mobil sind, indem die Häuser auf Rädern ihren Standplatz wechseln und die Familien nach den Gesetzen des Arbeitsmarktes ihre Adresse ändern, da zeigt sich am deutlichsten, dass Mobilität nicht die Entfaltung, die Öffnung nach außen bewirkt, sondern Isolierung zur Folge hat. Die jeweils Zugezogenen bleiben so fremd und isoliert wie die Sesshaften, die es unablässig mit neuen Nachbarn zu tun haben.

Das Ganze ist ein hübsches Beispiel dafür, dass den Errungenschaften der Technik, deren unterschiedslose und uneingeschränkte Verbreitung der Markt besorgt, ein eigener Mechanismus innewohnt. Wo die Mobilität über menschliches Maß und Ermessen hinausgeht, da übt ihr Mechanismus Zwänge aus, denen auch mit Vernunft und gutem Willen nicht zu entkommen ist.

So ist auch das derart entstandene Dilemma nicht mit Hilfe rationaler Entscheidungen zu lösen. Der freiwillige Verzicht auf Mobilität ist nicht mehr möglich, doch könnte es sein, dass der unfreiwillige vor der Tür steht; denn die ganze exzessive Mobilität von Menschen und Gütern, die unablässige Verfrachtung in alle Richtungen, erfordert einen ungeheuren Energieaufwand für die Erzeugung und den Betrieb der Apparate. Verknappung und Verteuerung dieser Energie, die unvermeidlich sind, sowie die ebenfalls unausweichliche Einsicht, dass die beliebige Steigerung der Energieproduktion ruinös ist, werden das gegenwärtige Maß der Mobilität drastisch verringern. Der Traum vom großen Verkehrsverbund von jedem Haus der Welt zu jedem anderen wird irgendwann ausgeträumt sein. Das Erwachen wird zunächst als Katastrophe empfunden werden: Aus dem Taumel der totalen Mobilmachung findet man nicht von heute auf morgen heraus.

DER ANFANG
VOM ENDE

DES
AUTOMOBILS

Irgendwann werden die Autos sterben, und wir können sagen, wir wären dabei gewesen, als ihre Agonie begann.

Gift in der Luft, Lärm in den Städten, Leichen an den Straßen und alle anderen Zeichen der Verstopfung und Verwüstung:

Die Details sind bekannt, doch werden sie einstweilen meist noch als jeweils gesondert zu behandelnde, durch schlau erdachte „Maßnahmen" aller Art aus der Welt zu schaffende Misslichkeiten angesehen. Erst sehr langsam beginnt eine Ahnung davon zu erwachen, dass jeder einzelne dieser wunden Punkte nur ein Tupfer ist im großen Bild vom Sterben der Autos, vom langsamen, aber nicht aufzuhaltenden Zusammenbruch eines Transportsystems.

Am wenigsten von irgendeinem Zweifel angefochten sind derzeit noch die Straßenbauer. Sie stecken den Kopf tief in den Sand und ziehen ihn nur heraus, um die Erfindung einer neuen Straße bekanntzugeben. Mit der verbissenen Zielstrebigkeit, die das Kennzeichen des Wahnsinns ist, schlagen sie ihre Schneisen durch das Land, mit Unterführungen und Überführungen,

Auffahrten, Kreiseln und Spinnen, und verweisen alle nicht im Fahrzustand befindliche menschliche Existenz immer entschiedener auf die Zwickel, die zwischen den Pisten übrig bleiben, finden auch immer wieder die Möglichkeit, selbst einen solchen Zwickel durch eine neue Straße in zwei kleinere Teilzwickel zu zerlegen, rühmen sich öffentlich der Kilometer, die sie pro Haushaltjahr betoniert und asphaltiert haben und tun doch nichts anderes, als nur den Schwanz verlängern, in den die Katze sich schließlich immer wieder beißt; denn einem stetig wachsenden Verkehr, der die verfügbaren Straßen verstopft, ist mit einer weiteren Verdichtung des Straßennetzes nicht beizukommen, vielmehr ermuntert diese nur zu einer weiteren Steigerung der Motorisierung.

„Was fehlt, sind Straßen!“, so lautet zwar der Werbeslogan des Straßenbaugewerbe-Verbandes Nordrhein-Westfalen, doch entspringt diese Behauptung nicht tieferer Einsicht, sondern nur der miesen Auftragslage, denn aus Mangel an flüssigen Mitteln kann gar nicht alles gebaut werden, was geplant ist, zu deutsch:

die Gesellschaft ist gar nicht imstande, die Leistungen zu erbringen, die ihr der wachsende Individualverkehr abnötigen will. Doch selbst wenn es möglich wäre, mit den dafür erforderlichen 252 Milliarden Mark die geplante Erweiterung des Verkehrsraumes um 30 Prozent bis 1980 zu verwirklichen, so wäre um diese Zeit, wie eine deutsche Mineralölgesellschaft in einer Zukunftsstudie ermittelte, der Verkehr schon an sich selbst erstickt, weil er, durch neue Straßen nur stimuliert, schneller wächst als der ihm zugewiesene Raum wachsen kann.

Ein Grundprinzip des Systems der privaten Motorisierung ist damit schon angedeutet: dass nämlich das System die Bedürfnisse schafft, die es zu befriedigen vorgibt. Straßenbau, zum Beispiel, zieht immer wieder der Straßenbau nach sich. Der wilde Eifer, mit dem die Straßenbauer Schneisen in die Welt schlagen, ganze Landschaften in Zwickel zerlegen und, beispielsweise, im mittelalterlichen Eltville am Rhein, gegen die verzweifelte Empörung des gesamten Fußvolks der Demokratie, bei vier möglichen Straßenführungen gnadenlos auf derjenigen bestehen, die den höchsten Grad der Verwüstung herbeiführt, – dies alles zeigt zudem, dass hier *Macht* am Werk ist, – eine Macht freilich, die längst begonnen hat, ihre eigene Ohnmacht zu produzieren.

Nur die schiere Naivität kann so tun, als habe sich das Dilemma der Privatvehikel, so wie es jetzt über uns kommt, nach einer Art von Naturgesetz entwickelt, als käme mithin gleich nach dem Fortpflanzungstrieb der Fortbewegungstrieb und gegen diesen sei so wenig ein Kraut gewachsen wie gegen jenen; zur Naivität tritt die Scheinheiligkeit, die in jedem reglementierenden Eingriff, welcher der Vernunft zur Wirkung verhelfen könnte, gleich einen Verstoß gegen die heiligen Grundregeln freier Unternehmungsführung erblickt und sich schon im Voraus entrüstet. In Wahrheit hat es solche Reglementierungen stets gegeben, nur lauteten sie fast stets zu den Gunsten der Privatvehikel und blieben daher unbeanstandet, hatten übrigens auch durchaus nicht immer den Charakter von Reglements, sondern bestanden gerade in der Abwesenheit gesetzgeberischer Akte, – im einen wie im anderen Fall stets mit dem Ergebnis, dass der Gesamtheit wie selbstverständlich aufgegeben wurde, alle Anforderungen zu erfüllen und alle Misslichkeiten zu erdulden, die eine wachsende Motorisierung eines *Teiles* dieser Gesamtheit nach sich zog:

Das reicht von der einfachen Nötigung, wie der zum Schließen der Fenster wegen unerträglichen Lärmes und Gestankes bis hin zu dem Zwang, für Straßenbau, Ampeln und Schilder, Unfallstationen, für Verkehrspolizei, Krankenhäuser und Schülerlotsen, Parkplätze und Leitplanken die gesellschaftlichen Gesamtkosten aufzubringen, die der Autoverkehr verursacht und die von allen getragen werden, obwohl nur ein Teil den Nutzen davon hat. Die Privatisierung des Nutzens und die Sozialisierung der Schäden und Kosten auf dem Gebiet des Straßenverkehrs gleicht nicht von ungefähr aufs Haar dem allgemeinwirtschaftlichen Prinzip der Privatisierung der Gewinne und der Sozialisierung der Verluste – das eine setzt auf der Ebene des Verbrauchens nur logisch fort, was auf der Ebene des Herstellens begann.

An allem Anfang hatte die Einsicht gestanden, dass das Auto gar nicht nur oder vornehmlich zur Ortsveränderung taugt, sondern auf wundersame Weise zugleich den Wunsch nach unterscheidendem Luxus erfüllt (dies der Beginn der privaten Motorisierung überhaupt), dass es Prestigebedürfnis, Eitelkeit und Egoismus befriedigen kann und auf sublime Weise auch ein ersatzweises Machterlebnis ermöglicht, welches als „Sportlichkeit" verkleidet und entsprechend idealisiert wurde – solange die Straßenverhältnisse dies zuließen.

Die Unbedenklichkeit, mit der eine clevere Industrie die niederen Instinkte in den Dienst höherer marktwirtschaftlicher Weisheit stellte und zur Grundlage ihrer Werbepsychologie machte, wird nur übertroffen von der Skrupellosigkeit, mit der man höheren Ortes eben diese Industrie zum Rückgrat aller ordentlichen Volkswirtschaft erklärte und mit aller erdenklichen Stützung versah. Die daraus folgende Zerstörung der „Umwelt" war stets voraussehbar, auch als das Wort noch gar nicht im Schwange war, wurde aber mit Fleiß ignoriert;

diesbezügliche Prognosen verfielen durch den Hinweis auf die immense wirtschaftliche Wichtigkeit der Autoindustrie der Lächerlichkeit. Das Recht zum Haus-zu-Haus-Verkehr wurde ein für alle Mal zementiert und zugleich das Nachdenken über andere Systeme der Ortsveränderung nahezu eingestellt.

Die aktive gesetzgeberische Förderung umfasst die Steuergesetzgebung so gut wie die Straßenverkehrsordnung des Jahres 1971, die, so neu wie sie ist, doch immer noch dem Autofahrer das Recht des Stärkeren gibt und für den Fußgänger nur eine Art Wildwechsel übriglässt, dessen Benutzung gefährlich genug bleibt; auch nimmt sie es mit der Gerechtigkeit gegenüber den Motorisierten so ausschweifend genau, dass ein mit vierzig Personen besetzter Autobus nach wie vor nicht *mehr* Rechte hat als ein einzelner Selbstfahrer: die Gerechtigkeit *verhindert* hier nicht die Privilegierung, sondern führt sie geradezu herbei und weckt umso mehr den Wunsch, alsbald aus dem Autobus in die Einzelkabine umzusteigen. Die Benachteiligung und Vernachlässigung des Massenverkehrs, die

Reverenz vor dem Einzelfahrer, wie sie sich hier in den Verkehrsregeln ausdrückt, gerann auf dem Gebiet der Steuergesetzgebung zur sogenannten Kilometerpauschale. Fahrtkosten zwischen Wohnung und Arbeitsstätte, so die scheinbar gerechte Regelung, sind für jedermann steuerabzugsfähig. Während aber der gemeine Straßenbahnfahrer nur die tatsächlich erlegte Gebühr für seine Monatskarte abziehen kann, entsteht für den Autofahrer die Möglichkeit, sich eine hübsche Belohnung dafür zu verdienen, dass er eben mit dem Auto fährt. „Der Autofahrer" – so die Deutsche Bank in ihren Steuertipps – „macht noch immer den besten Schnitt", er macht ihn ganz ungeniert, natürlich, wiewohl eben dieses Autofahren der Allgemeinheit Aufwendungen abnötigt, die gerade *nicht* mit einer Steuerbegünstigung für den Fahrenden belohnt, sondern mit einer höheren Belastung ausgeglichen werden müssten.

Was die spezifischen Steuern angeht, die der Autofahrer zahlt, so erbringen die Kraftfahrzeugsteuer und die Mineralölsteuer zusammen jährlich knapp vierzehn Milliarden, – doch sind damit nicht einmal die jährlichen Gesamtausgaben für den Straßenbau und die Verkehrspolizei gedeckt, die sich auf vierzehneinhalb Milliarden belaufen – gar nicht gerechnet alle anderen gesamtwirtschaftlichen Folgekosten des Straßenverkehrs. Die von den Automobilfahrer-Verbänden mit Regelmäßigkeit erhobene Beschwörung, alle Autosteuern gefälligst für den Straßenbau zu verwenden, ist demnach unverfroren und irreführend: Sie nährt den Glauben, mit den Autosteuern würden allerlei zweckfremde Wohltätigkeiten finanziert, während doch in Wirklichkeit allein der Straßenbau des Bundes, der Länder und der Kommunen mehr verschlingt, als die Autosteuern einbringen, – so dass, beim Licht der Wahrheit besehen, das Privileg des Individualverkehrs von der Gesamtheit finanziert wird, weil die daraus einkommenden Steuern nie und nimmer ausreichen würden, es zu ermöglichen.

Dass selbst die Schuldzinsen für ein auf Raten gekauftes Auto steuerlich absetzbar sind, ebenso ein Teil der Haftpflichtversicherung, ist nur der letzte Schnörkel einer Steuergesetzgebung, welche in der Autoindustrie den Lebensnerv des Staates erblickt. Dass die Volkswirtschaft von der Autoindustrie abhängig sei, weil jeder zehnte von dieser Industrie lebt, ist ja in Wahrheit gar kein Argument für ihr Florieren, sondern müsste im Gegenteil der ernste Anlass sein, auf eine Reduzierung zu drängen – denn nichts erscheint gefährlicher, als dass das Wohlergehen der Bundesrepublik von *einer* Industrie abhängt, und noch dazu von einer solchen, die Fahrkabinen herstellt, und die, bei einem Bestand von rund 15 Millionen Personenwagen und einer jährlichen Neuproduktion von rund einer Million, bereits ruiniert wäre, wenn die Hälfte aller Neuwagenkäufer sich entschlösse, den alten Wagen noch ein Jahr zu fahren.

Für die Qualität des Lebensstandards wurde allenthalben die Quantität der Automobilproduktion als Maßeinheit festgelegt: Das individualpsychologische Faktum, dass der Besitz eines Kraftwagens, wenngleich auf unsittliche Weise, Selbstgefühl einbringt, fand sein genaues Spiegelbild darin, dass Wirtschaftssysteme unterschiedlichster Art der gleichen Verwechslung anheimfielen: Sie verwechselten eine spezielle Quantität mit einer allgemeinen Qualität, strebten mit allen Mitteln danach, von der Autoproduktion abhängig zu werden und feiern die Erreichung dieses Zieles mit unablässiger statistischer Selbstbefriedigung. Jedes Widerwort wird mit der höhnischen Frage beantwortet, wo denn sonst das Heer der einschlägigen Fabrikarbeiter bleiben solle.

Die Frage – die übrigens stets so klingt, als finde die Autoproduktion gar nicht so sehr der Autos wegen statt, sondern vornehmlich zum Wohle der Fabrikarbeiter – die Frage ist im Groben leicht beantwortet: Aufbau und Erhaltung eines zeitgemäßen Massenverkehrs würden mindestens die gleiche Produktionskapazität binden wie die Herstellung von Personenwagen.

Im Übrigen aber sind dies ökonomische Erwägungen, die ernstlich und mit Aussicht auf brauchbare Ergebnisse erst dann in Gang geraten werden, wenn die Undurchführbarkeit eines exzessiven Individualverkehrs nicht weiter zu verschleiern ist. Die gegenwärtigen

Zustände für unabänderlich zu erklären, indem man die Priorität eines auf das Wohl der Autofabriken verengten ökonomischen Kalküls postuliert: das bedeutet nichts anderes, als dass der erfolgreiche Taschendieb auf der Fortsetzung seiner Laufbahn besteht mit dem Argument, ein Berufswechsel gefährde das Wohlergehen seiner Familie.

Dem Dogma, dass die Anfertigung von Automobilen eine wünschenswerte und unumgängliche Voraussetzung wirtschaftlicher Selbsterhaltung sei, entspricht die Delikatesse, mit welcher der Gesetzgeber die von den Autos verursachte Luftverschmutzung behandelte, unter der alle zu leiden haben – und diejenigen am meisten, die kein Auto haben, um ihr zu entfliehen. Für die amtlich sanktionierte Vergiftung waren von Anfang an nie die tatsächlichen gesundheitlichen Auswirkungen der Maßstab, an dem die Zulässigkeit gemessen wurde, sondern vielmehr der Stand der technischen Entwicklung und davon wiederum nur das, was sich ohne Schaden für die Rendite oder für die Attraktivität des Ladenpreises realisieren ließ.

7.000 Tonnen Blei, 6 Millionen Tonnen Kohlenmonoxyd, 1,2 Millionen Tonnen Kohlenwasserstoffe, 12.000 Tonnen Schwefel – das ist die Jahresleistung deutscher Autos, rund gerechnet etwa ein Drittel der gesamten Luftverschmutzung. Und während man die Frage des Blei-Ausstoßes der Verbrennungsmotoren jetzt wenigstens behandelt hat (freilich mit einer Rücksicht, als gelte es, einen Tiger zum Vegetarier zu machen, ohne dass seine Verdauung darunter leidet), sind alle anderen Auspuffgifte noch kaum in die Reichweite des Gesetzes geraten, sondern laufen einstweilen weiterhin unter der Rubrik der unvermeidlichen Nachteile des Fortschritts.

Die Vergiftung ist schleichend, und die Zusammenhänge zwischen Bronchialkarzinomen und dem Individualverkehr sind, wenngleich niemand sie ernstlich leugnet, doch so verwickelt, die Beteiligung des *einzelnen* Fahrers vergleichsweise so gering, dass die Folgeschäden sich der Inspektion durch die Reparaturwerkstätten irdischer Gerechtigkeit, der gerichtlichen Verhandlung also, ganz entziehen. Der Mensch ist sozusagen das Gegenteil von einem Motor, ein Umstand, den das Bundesverkehrsministerium letzthin deutlich machte, indem es eine Verlautbarung zur Frage des Bleiverbots mit dem Zusatz versah:

„Es muss gewährleistet sein, dass die vielen Millionen Kraftfahrzeugmotoren durch anders zusammengesetzten Kraftstoff keine Folgeschäden erleiden." Die Forderung, es müsse zuerst einmal gewährleistet sein, dass die vielen Millionen Menschen durch die Kraftfahrzeugmotoren keine Folgeschäden erleiden, drängt sich förmlich auf, doch sie gehört nicht ins Ressort des Verkehrsministeriums.

Sie hat überhaupt noch nie so richtig in irgendein Ressort gehört, und selbst im Umweltschutz-Programm der Bundesregierung, das sonst mit schönen und starken Worten nicht spart, wird der Individualverkehr als Prinzip nicht in Frage gestellt, geschweige denn auch nur im geringsten angetastet. So hat es denn den Anschein, als werde auch künftig der größte Einfluss auf das Schicksal der Autos nicht vom Gesetzgeber ausgehen, indem dieser nach den

Regeln der Vernunft und unter Berücksichtigung der zu erwartenden „Folgeschäden“ auf irgendeine Weise aktiv wird, sondern als werde es bei der wohlwollenden Inaktivität bleiben, die den Individualverkehr als Naturerscheinung ansieht und jeden Versuch einer Steuerung als Eingriff in die Freiheit des Produzenten zu produzieren, was er will, und in die Freiheit des Konsumenten, sich die Beförderungsart nach eigenem Geschmack auszusuchen.

Wiederum beißt sich hier die Katze in den Schwanz, wiederum schafft das einmal gewählte System die Bedürfnisse, die es zu befriedigen vorgibt. Denn die gewährten und geförderten Freiheiten der Automobilproduktion und der privaten Kraftfahrzeug-Haltung schufen zugleich die Umstände, die es immer dringlicher machten, diese Freiheiten auch zu nutzen.

In dem Maße, wie die Gesellschaft den steigenden Forderungen des Individualverkehrs nachkam, fehlten ihr die Mittel, einen menschenwürdigen Massenverkehr zu installieren; je unerträglicher dieser aber wurde, umso erstrebenswerter wurde der Besitz eines eigenen

Fahrzeugs. Und so fort, – mit dem theoretischen, im Ansatz aber deutlich erkennbaren Endziel, dass jedermann sein eigenes Auto habe, während alle anderen Nah- und Fernverkehrsmittel nur noch im Museum zu besichtigen sind.

Die öffentlichen Verkehrsmittel, unter dem Vorwand marktwirtschaftlichen Verhaltens zur Rentabilität verdammt, fanden sich, je länger umso mehr, in einem teuflischen Kreislauf immer ausschließlicher auf den unergiebigen Teilmarkt der Unterprivilegierten beschränkt, was der Qualität ihrer Leistungen nicht förderlich sein konnte. Je mehr das Privatauto zur selbstverständlichen Ausstattung eines einigermaßen florierenden Hauswesens gehörte, umso größer wurde die Kluft zwischen den beiden Klassen von Verkehrsteilnehmern, umso erniedrigender die Beförderung in den öffentlichen Verkehrsmitteln, umso größer schließlich auch deren Defizite, die jetzt ein Ausmaß erreicht haben, das eine weitere Verteuerung und Verschlechterung dieses öffentlichen Dienstes mit Sicherheit erwarten lässt – und folglich eine weitere Förderung des Individualverkehrs.

So lange es einen behördlich zugelassenen und begünstigten Individualverkehr gibt, ist der Zwang zur wirtschaftlichen Eigenständigkeit öffentlicher Verkehrsbetriebe absurd. Wenn der Bundesbahn aufgegeben wird, ihr Zwei-Milliarden-Defizit gefälligst irgendwie zu decken, dann ist es der blanke Hohn, wenn der Verkehrsminister in der gleichen Parlamentsdebatte damit prunkt, dass er fünf Milliarden für den Bau von Straßen ausgegeben hat und wenn die Opposition verkündet, sie hätte, wäre sie am Ruder, noch viel mehr Straßen gebaut.

Immer deutlicher vollzieht man die Scheidung zwischen der Klasse der Einzelfahrer, für deren möglichst bequeme Fortbewegung die Gesellschaft Erhebliches aufwendet, und der Klasse der Massenfahrer, für die immer weniger übrigbleibt. Die Auszehrung der öffentlichen Verkehrsmittel hängt ursächlich mit der Förderung des Individualverkehrs zusammen und ist nur zu beheben, wenn man diesen zumindest drastisch reduziert oder aber ihn an sich selbst ersticken lässt.

Würde man den Autofahrer mit all den Kosten belasten, die er tatsächlich verursacht, dann würde sich zeigen, dass das Autofahren nahezu unerschwinglich ist und nur durch die Zahlungswilligkeit aller, auch der Nichtfahrer, überhaupt möglich war; der dann unvermeidlich einsetzende Sturm auf die öffentlichen Verkehrsmittel würde diese zu einem rentierlichen Betrieb befähigen und zu entsprechenden Leistungen nötigen. Dies wäre eine Möglichkeit gesetzgeberischer Aktivität. Eine mehr passive Methode könnte darin bestehen, dass man den Individualverkehr an sich selbst ersticken lässt, indem man aufhört, mit starrem Blick auf die Produktionsstatistik der Autofabriken immer neue Straßen zu bauen, als sei die Entstehung von Autos ein Naturvorgang, dessen Gesetzlichkeit man sich anzupassen habe.

Wo dies schon gar nicht mehr möglich ist, in den Städten nämlich, die keinen Raum für noch mehr Straßen haben, hat man sich mit dem Schlagwort des sogenannten Nulltarifs schon eher der Kernfrage genähert, der Frage nämlich, ob die Ortsveränderung in der zweiten

Hälfte des 20. Jahrhunderts nicht vielleicht vom privaten Luxus zur öffentlichen Aufgabe geworden ist, in der Weise, dass die Gesellschaft sich auf dem Weg über die Steuern ein allen kostenlos zur Verfügung stehendes Transportsystem schafft was freilich nur dann möglich wäre, wenn man zugleich all diejenigen Ausgaben streicht, die jetzt noch von der Gesamtheit für den Individualverkehr aufgebracht werden.

Solange die Illusion aufrechterhalten werden konnte, die Profitlichkeit des Automachens finde ihre letzte Rechtfertigung in der Brauchbarkeit des Systems, solange blieben alle Erwägungen über Alternativen zum Einzel-Selbstfahrer-System eine Angelegenheit spinnerter Erfinder und wurden kaum ernsthaft diskutiert. Stattdessen betrieb man die Fortentwicklung des einmal gewählten Systems, aber selbst diese nicht einmal im Sinne tatsächlicher Weiterentwicklung, sondern in Form schierer Expansion – eine genaue Entsprechung zu jenem industriellen Wachstumsdenken, welches das philosophische Prinzip der Unendlichkeit auf der Ebene der Ökonomie in die Praxis umzusetzen versucht und jedenfalls erst einmal weitermacht, solange es nicht verboten ist oder sonst wie misslingt. Die Ablösung des Individualverkehrs durch ein System, das den vernünftigen Anforderungen an die Möglichkeiten der Ortsveränderung entspricht, aber den absurden Anspruch außer Kraft setzt, nach dem jedermann mit dem Automobil zugleich das Recht erwirbt, sich jederzeit ungehindert von jedem Punkt an jeden anderen zu bewegen und am Zielort einen Parkplatz vorzufinden, – die Ablösung dieses ruinösen Systems erscheint umso dringlicher, als dadurch das Bedürfnis nach Macht und Geltung und all die anderen, dem Verkauf von Autos so ungemein förderlichen Antriebe wenigstens aus dem Bereich des Personenverkehrs eliminiert werden, wo sie unproduktiv abreagiert werden und deshalb nur zerstörerischen Effekt haben.

Die Befriedigung des Selbstgefühls ist notfalls durch die Anlage eines besonders großen Swimmingpools zu erlangen, und die Ausübung von Herrschaftsmacht muss nicht unbedingt in selbstverursachter Geschwindigkeit bestehen, sondern kann, wie es ja schon vielfach geschieht, auch an Haushunden praktiziert werden. Weder die Schwimmbecken noch die Hunde haben in dem Maße wie der Individualverkehr die Eigenschaft, dass mit ihrem Unterhalt ein am eigentlichen Zweck gemessen ungerechtfertigter Einfluss auf das Leben *aller* Glieder der Gesellschaft ausgeübt wird und dass auch die Nichtbeteiligten ungefragt und wider Willen zu Opfern des Systems gemacht werden.

Opfer im engeren Sinn sind die nun fast 20.000 Toten im Jahr, die samt über 500.000 Verletzten nach den Worten des Bundesverkehrsministers nun eben das Risiko repräsentieren, das dem Fortschritt innewohnt, und von denen ein nicht unbeträchtlicher Teil, zum Beispiel die 5.000 toten und 70.000 verletzten Fußgänger, des Systems nur insofern teilhaftig werden, als sie ihm eben zum Opfer fallen.

Die Frage von Schuld und Ursache, die hier wie überhaupt im Straßenverkehr eine so beherrschende und tausende von Advokaten in Lohn und Brot haltende Frage ist, hat etwas

Unwirkliches. Denn natürlich – und wenigstens insofern hat der Bundesverkehrsminister mit seinem Wort vom Risiko des Fortschritts sogar recht – natürlich muss die Beförderung von Menschen in Kabinen, die sich mit Schnellzugsgeschwindigkeit bewegen und deren Handhabung eine pausenlose Kette von blitzschnellen Entscheidungen verlangt, notwendig Fehlentscheidungen hervorbringen. Solche, mit dem System unweigerlich verbundenen Pannen zu kriminalisieren, hier also stets ein Schuldverhältnis zurechtzufummeln, hat den Schein der Logik und Gerechtigkeit, ist aber nichtsdestoweniger absurd. Wo das Risiko des Fehlverhaltens geradezu konstituierendes Element der ganzen Veranstaltung ist, wird das Strafgesetzbuch unbrauchbar, denn es geht von der altmodischen Voraussetzung aus, dass Risiken vermeidbar sind – was nichts anderes bedeutet, als dass schon das Eingehen eines Risikos strafbar ist, womit der Straßenverkehr als solcher streng genommen bereits den Straftatbestand einer sozusagen vorsätzlichen Fahrlässigkeit erfüllen würde. Dass umgekehrt die

Verteidiger mit viel Erfolg versuchen, kriminelles Fehlverhalten zum „Unfall" herab zu stilisieren, macht die Verwirrung nur komplett.

Ein Nahrungsmittel, welches jährlich 20.000 tödliche und 500.000 nicht tödliche Vergiftungsfälle verursacht, würde, und wenn es noch so schmackhaft wäre, mit Sicherheit für unbrauchbar gelten. Nur die monomanische Vorstellung von der ungeheuren und durch nichts zu ersetzenden Lebenswichtigkeit eigenmächtiger Ortsveränderung kann bewirken, dass sich das System zu erhalten vermag und sich einer Verehrung erfreut, als wäre die Fortbewegung in der Privatkabine ein Wert an sich, so über alle Maßen hehr, dass man sein Leben dafür hingeben mag und als Dreingabe noch das der Mitmenschen, die versehentlich den Weg der Kabine kreuzen.

In Wirklichkeit – und hier begegnen wir wiederum dem Grundprinzip der Bedürfnisse, die das System schafft, indem es sie zu befriedigen vorgibt – in Wirklichkeit dient ein wesentlicher Teil des Individualverkehrs nur dazu, den Auswirkungen eben dieses Verkehrs zu entfliehen.

Was der Verkehr möglich macht, wird durch ihn selbst überhaupt erst nötig – und immer noch etwas nötiger als es jeweils gerade möglich ist.

400.000 Münchner (also ein Drittel der Bevölkerung dieser Stadt) nehmen durchschnittlich dreißigmal im Jahr am sogenannten Naherholungsverkehr teil. Der große Treck ist keine Münchner Besonderheit: Überall gebiert die vornehmlich mit Hilfe von Autos unwirtlich gemachte Stadt in dem Maße, wie sie unwirtlicher wird, immer neue Autofahrer; indem sie ihr entfliehen, tragen sie die Unwirtlichkeit immer weiter nach draußen – bis hinein in die sogenannten Naturparke, mit deren Einrichtung die fatale Trennung zwischen Lebens und Erholungsraum endgültig perfekt gemacht und zur Philosophie erhoben wird.

Noch bleibt abzuwarten, wie weit ein Volk von Autofahrern wirklich auf die Länge willens und imstande ist, darauf zu verzichten, bis zum letzten Platz der Ruhe, zur erwünschten Oase, mit dem Wagen vorzufahren und damit zugleich die Oase zu zerstören. Flucht, und wenn sie noch so gut vorbereitet ist, bleibt stets ein Notbehelf, der sich nicht institutionalisieren lässt: Die organisierte Massenflucht kann nur enden wie die Geschichte vom Hasen und vom Swinegel: Wenn die Flüchtenden am Ziel sind, finden sie das vor, dem sie entfliehen wollten.

Die Synthetisierung der menschlichen Lebensbereiche führt, auch wo sie ökonomischem Kalkül aufs Beste entspricht, notwendig zum Zusammenbruch – aus Gründen der Ökologie. Für die Stadt, deren Trennung in funktionale Bereiche noch vor 10 Jahren das anerkannte Dogma aller Planung war, hat sich längst erwiesen, dass solche Aufteilung nur eine Form von Selbstmord ist, eine Art von Selbstzerstückelung. Derzeit werden wir Zeuge, wie das gleiche falsche Prinzip über den Bereich der Städte hinaus ausgedehnt wird und wie mit der Aufteilung des Landes in lebenswerte und lebensunwerte Bereiche die große Zerstörung besiegelt wird.

Die Naturparke, die „Erholungsräume“, sind nur das Alibi für die Verhunzung des übrigen Landes, und ihre eigene Destruktion beginnt bereits mit dem Stadium dessen, was man in Fachkreisen „Aufschließung“ nennt; nur für eine Zeitlang noch mag man die Einsicht hinausschieben können, dass den Gesetzen der Ökologie zufolge keine andere Möglichkeit besteht, als die, den *ganzen* Lebensraum des Menschen bewohnbar zu erhalten.

Hier endlich wird das Problem des Individualverkehrs just dadurch deutlich, dass seine Grenzen verschwimmen und dass es einen im Detail kaum mehr zu überblickenden Zusammenhang gewinnt mit anderen Fragen menschlicher Existenz in der synthetisierten Welt einer Industriegesellschaft, die permanent das Wohlergehen mit dem Wohlstand verwechselt und diesen ohne weiteres mit dem Bestand an privaten Kraftfahrzeugen identifiziert.

Hier wird deutlich, dass es sich nicht um ein paar wohldefinierte, begrenzte Fragen handelt, die mit kunstreicher Straßenplanung und ein paar neuen Auspuff-Filtern zu lösen sind, sondern um ein ökologisches Problem, das Funktionieren des Gesamthaushaltes betreffend, Land und Stadt und Luft einschließend als Bestandteile eines Netzes von Kausalzusammenhängen, aus dem man keinen Faden ungestraft herauslösen kann, und in den auch der Mensch selber in seiner physischen und psychischen Individualexistenz eingesponnen ist, darauf angewiesen, dass er sich den Zusammenhängen einordnet, bei Strafe des Unterganges sich den ökologischen Gesetzen anbequemt.

Jeder Versuch, dagegen zu handeln, kann stets nur zeitlich befristet gelingen, so lange nämlich, wie die Vorgänge biologischer Selbstreinigung – diese im allerweitesten Sinne – jeweils funktionieren können, ehe sie überfordert sind und das Desaster offenkundig werden lassen.

Natürlich ist auch der Mensch selber betroffen, der motorisierte wie der nichtmotorisierte, und längst beschränken sich die Auswirkungen des Straßenverkehrs nicht mehr auf die sogenannten Ballungsgebiete, sondern die Flucht aus ihnen trägt weit hinaus, was an die körperliche Intaktheit des Menschen greift: die Auspuff-Gifte vor allem, aber auch den Lärm, der nur zum Teil eine technische Notwendigkeit ist, zum anderen Teil das Ergebnis eines akustischen Exhibitionismus, dem der Gesetzgeber duldsam Vorschub geleistet hat, indem er von vornherein den Lärm als unabänderliche Begleiterscheinung der Motorisierung hinnahm, statt, was ja immerhin denkbar gewesen wäre, die Herabsetzung dieses Lärms auf ein zumutbares Maß zur Voraussetzung der Motorisierung zu machen; man darf sicher sein, dass dies den Siegeszug des Automobils nicht verhindert hätte, denn wo ein Gesetz ist, stellt sich die zugehörige Erfindung alsbald ein.

Ein Drittel aller Krankheiten, die er zu behandeln habe, so bekundete neulich ein Münchner Nervenarzt, habe eindeutig ihren Ursprung im Verkehrslärm, - nicht gerechnet also jene Störungen, bei denen diese Ursache nicht *eindeutig* ist, aber doch in Betracht zu ziehen wäre.

Die immer noch in Kraft befindliche Regel, wonach nächtliches Teppichklopfen unerwünscht ist und notfalls durch Herbeiziehung eines Polizisten unterbunden werden kann, wird verhöhnt von dem Umstand, dass jeder Autobesitzer das Recht hat, mitten in der Nacht durch Anlassen seines Motors im stillsten Wohngebiet ein paar Dutzend Menschen aus dem Schlaf zu reißen – gar nicht zu reden vom ständigen Rauschen des Verkehrs auf allen größeren Straßen, nicht zu reden auch von dem infernalischen Lärm, der Tag für Tag Kindern, Frauen, Männern und Greisen um die Ohren geschlagen wird. Was von den Auswirkungen dieses Lärms als gesicherte Erkenntnis gelten kann, würde schon genügen, seine Erzeugung als permanenten Versuch zur Invalidisierung der Allgemeinheit zu ahnden und zu unterbinden. Das Auto ist der einzige Gegenstand, mit dem jedermann zu jeder Zeit unter dem Vorwand der Unvermeidlichkeit fast jeden beliebigen Lärm verursachen darf, ohne dass man mehr dagegen tun kann, als ihn, leise, zu verwünschen oder eine Schlaftablette einzunehmen; denn natürlich: gegen die Schäden, welche die Autoindustrie samt ihren Hintersassen direkt oder indirekt anrichtet, hat die pharmazeutische Industrie einen ganzen Schrank voll der wirksamsten Mittel. Auch gibt es schalldämmende Fenster, Filteranlagen für die Atemluft und mancherlei andere Vorrichtungen, die vor allem eines deutlich machen: dass hier wie anderswo der Fortschritt die Bedingungen produziert, die seinem weiteren Fortschreiten den Schein der Notwendigkeit verleihen. Nur beginnt allmählich zu dämmern, dass dieses wundersame Zusammenwirken zwar profitabel ist, nichtsdestoweniger aber schwachsinnig.

Es kann ja nicht der Weisheit letzter Schluss sein, sondern ist eher ein Zeichen der Schizophrenie, wenn man das sogenannte pulsierende Leben in einer Form betreibt, die unablässig zum Kurieren nervöser Störungen zwingt, so wie es ein Zeichen der Schizophrenie ist, wenn man mit der perfektionierten Betonierung der Städte nichts anderes bewirkt, als dass eine Fortbewegung darin immer mühsamer und manchmal schlechterdings unmöglich wird, wenn man die Landschaft zugänglich macht für ein Vehikel, welches, indem es den Zugang vollzieht, eben diese Landschaft zerstört, – wenn man einen Von-Haus-zu-Haus-Verkehr praktiziert um den Preis, dass es in vielen Häusern nicht mehr auszuhalten ist. Es ist pervers, über die „autogerechte“ Stadt nachzusinnen, also über die Anpassung der Stadt an ein als unabänderlich gedachtes Verkehrssystem, statt über die Frage, wie das Verkehrssystem der menschengerechten Stadt anzupassen wäre.

Es ist absurd, mit Hilfe der sogenannten Verkehrserziehung kleinen Kindern eine Systematik der Wahrnehmung und Entscheidung aufzuzwingen, die sie nicht einmal auf dem Wege des blinden Gehorsams in die Praxis umzusetzen vermögen, weil sie ihnen unverständlich und unerlebbar bleibt. Die einzig fruchtbare Form von Verkehrserziehung besteht darin, einen Automatismus der Todesangst zu produzieren, der das Verlassen des Bürgersteigs zu einem nahezu verbotenen Wagnis macht. Wo Erkenntnisfähigkeit, Augenmaß und Gefühl für die Gefahr noch nicht vorhanden sind und alle Entscheidung aus der Emotion kommt, da bleibt die Produktion von Angst das einzige wirksame Mittel – und das in einer Zeit, da wir versuchen, Freiheit zu verwirklichen, indem wir die Ängste zerstreuen.

Wo all dies nichts nützt, wo die Disziplinierung der Fußgänger, soweit man sie auch getrieben hat, immer noch nicht das reibungslose Fließen des Verkehrs ermöglicht, da schickt man sie in den Orkus von Unterführungen hinab, vierundzwanzig Stufen hinunter, an den stinkenden Pissoirs vorbei, vierundzwanzig Stufen hinauf – ein schönes Gleichnis für den Grundgedanken, unter dem die ganze Entwicklung gestanden hat und für die sublime Art von Zynismus, die darin immer noch waltet.

Irgendwann werden die Autos sterben und wir können sagen, wir wären dabei gewesen, als ihre Agonie begann.

Gift in der Luft, Lärm in den Städten, Leichen an den Straßen, und alle anderen Zeichen der Verstopfung und Verwüstung: Die Details sind bekannt, doch werden sie einstweilen meist noch als jeweils gesondert zu behandelnde, durch schlau erdachte „Maßnahmen" aller Art aus der Welt zu schaffende Misslichkeiten angesehen. Erst sehr langsam beginnt eine Ahnung davon zu erwachen, dass jeder einzelne dieser wunden Punkte nur ein Tupfer ist im großen Bild vom Sterben der Autos, vom langsamen, aber nicht aufzuhaltenden Zusammenbruch eines Transportsystems, das von allem Anfang an nicht so sehr auf dem Bedürfnis nach Ortsveränderung, als auf dem Bedürfnis nach Macht und Geltung aufgebaut war.

Noch ist nicht im Geringsten abzusehen, was an die Stelle der Autos treten wird, noch ist nicht einmal sicher, ob wir an ihnen oder sie an sich selbst ersticken werden. Doch scheint immerhin so viel deutlich: jeder Versuch, am Detail herumzufummeln, den Verbrennungsmotor zu ersetzen, den Aufenthalt in unbewohnbaren Städten mit der stundenweisen Flucht in Naturparke aufzuwiegen, dem Tod auf der Straße durch Verkehrserziehung sowie durch das Abholzen von Alleebäumen beizukommen, die Folgen sitzender Fortbewegung durch Ausgleichsgymnastik zu beheben und allfällige nervöse Störungen durch Barbiturate und Weckamine, das stetige Wachsen der Autolawine schließlich durch ein stetig gesteigertes Asphaltieren der Welt auszugleichen, – all diese „Maßnahmen“ können die Einsicht nur verzögern aber nicht verhindern: dass der Individualverkehr von einem gewissen Punkt an eine ökologische Unmöglichkeit ist.

Der Punkt ist längst überschritten: das Ende der Autos hat schon begonnen.

EINREDE GEGEN

PLASTIC

Für die Ausrufer des Fortschritts ist der Kunststoff einer der vorletzten Meilensteine auf dem Weg zum geheimen Endziel aller Fortschreiterei: zur Neuerschaffung der als unzulänglich erkannten Welt.

Sie preisen den Stoff, der das Unmögliche möglich macht und das Unvorhergesehene plötzlich erlaubt. Sie preisen den Regenmantel aus Plastik, den Joghurtbecher aus Plastik, den Sturzhelm aus Plastik, den Schnuller aus Plastik, die Brechschale aus Plastik. Sie dekretieren, die gegenwärtige Wohnkultur sei ohne Plastik nicht denkbar und die zukünftige werde überhaupt zur Gänze daraus bestehen.

Für den Menschen haben sie schon einige Ersatzteile aus Plastik hergestellt, so dass der Verdacht erlaubt scheint, sie würden ihn am liebsten aus Kunststoff neu zubereiten oder, ersatzweise, wenigstens damit imprägnieren.

In der Berichterstattung über die Nutzanwendung der Kunststoffe ist das am häufigsten vorkommende Wort die „Eroberung“: Der Kunststoff wird weniger verwendet, als dass es ihm gelingt, ein neues Anwendungsgebiet zu erobern.

Soweit dies noch nicht erreicht ist, der endgültige Sieg aber kurz bevorsteht, hört man gelegentlich das Stichwort „Vision“. Es ist die Vision der Plastikmacher und ihrer Public-Relations-Männer, die den formgeschäumten Vollschaumsessel nicht nur für einen Beitrag zum häuslichen Leben halten, was ja schon schlimm genug ist, sondern die Formschäumung an sich als unabdingbare Voraussetzung dafür ansehen, dass so etwas wie ein ernstzunehmendes häusliches Leben dereinst überhaupt wird stattfinden können.

Mit den Mitteln und in den Formen werbender Volksaufklärung wird da ein Mysterium der Polymerisationsprodukte begangen und der Stoff gefeiert, den der Mensch sich selber schuf, Ausbund und Inbegriff vollkommenster Zweckmäßigkeit und grenzenloser Beliebigkeit, besser als alles, was eine mit Fehlern behaftete Schöpfung bisher zu bieten hatte. Die Faszination der Zweckmäßigkeit ist so groß, dass alle Erwägungen über die sinnlichen Qualitäten des Stoffes, über seine Schönheit und Ansehnlichkeit, den Charakter eines Sakrilegs bekommen.

Nützlichkeit gilt als Wert an sich, ästhetische Einreden sind demnach nichts weiter als die übliche kulturpessimistische Ornamentik.

Plastik ist schlagfest, pflegeleicht, elastisch, putzbeständig, kugelsicher, wärmedämmend, termitenfest, bruchsicher, schwer entflammbar, gewebefreundlich, abwaschbar, säurebeständig, Plastik ist dies alles gleichzeitig oder nur einiges davon, auf Wunsch in jeder beliebigen Zusammenstellung.

Die schiere Zweckmäßigkeit gilt als völlig ausreichender Nachweis der Existenzberechtigung – eine Beschränkung mit unabsehbaren Folgen, zumal sie unabwendlich ihre Umkehrung nach sich zieht: dass nämlich das Unzweckmäßige kein Lebensrecht hätte. Da der Kunststoff nichts anderes zu bieten hat als seine Zweckmäßigkeit, macht man die Not der Dürftigkeit zur Tugend nüchterner Beschränkung, verpönt die Frage nach der Schönheit als etwas ganz Unschickliches und streift das Gebiet der Ästhetik bestenfalls zu Werbezwecken mit dem vagen Hinweis auf das Progressive als solches.

Zur Zweckmäßigkeit gehört, unter anderem, die Beständigkeit. Sie ist mehr als eine schlichte Materialeigenschaft: Sie verdinglicht den Traum von der ewigen Jugend. Plastik altert nicht, Plastik ist der Stoff, der die Unendlichkeit der Existenz vorspiegelt und zu volkstümlichen Preisen verfügbar macht. Die in menschlicher Zeit nicht abnutzbare Klosettbrille vertreibt ein Stück unerwünschter Vergänglichkeit aus dem täglichen Leben, und die Fülle der Plastikgegenstände insgesamt, unverwüstlich und alterungsbeständig, ist ein Besitztum an Unvergänglichkeit, das jedermann sich leisten kann.

Dass dieser Mitbesitz an Unsterblichkeitskapital jederzeit leicht zu erwerben ist, mindert in den Augen der Benutzer nicht seinen Wert als Unterpfand der Dauer, sondern verhüllt ihn nur so weit wie es nötig ist, damit er umso freigiebiger verschwendet werden kann.

Dazu passt, dass die Plastik-Artikel keine Patina im Sinne erzählender Gebrauchsspuren ansetzen, sondern einfach durch eine klebrige Schmutzschicht widerlich werden; man vernichtet sie dann und meint dabei, sie wären „eigentlich“ noch unendlich lange brauchbar gewesen. Ähnliches gilt für Sprünge und andere kleine Defekte: Was bei anderen Materialien als Signum der Vergänglichkeit hingenommen und möglichst repariert wird, das wirkt bei Plastikgegenständen nur ärgerlich; es stört die Illusion des glatt Perfekten, und da jeder Reparaturversuch die Unzulänglichkeit noch hervorheben würde, entledigt man sich schnell des „eigentlich“ noch auf unabsehbare Zeit hinaus brauchbaren Gegenstandes: Was jederzeit für wenig Geld neu zu erwerben ist, das kann auch, so ewig es sein mag, jederzeit ausgetauscht oder einfach nur weggeworfen werden; das unendlich Beständige ist zugleich das unbegrenzt Verfügbare, das beliebig Vorhandene:

Unsterblichkeit wird zum Pfennigartikel und das Wegwerfen des Joghurtbechers zur Geste des Sieges über die Hinfälligkeit der Dinge, zur Gebärde der Souveränität des Demiurgen, der das, was er erschuf, genießt, indem er es bedenkenlos vernichtet – nicht, weil es an sich wertlos wäre, sondern weil er Überfluss daran hat.

Der eigentliche Charakterfehler der Wegwerfgesellschaft ist ja nicht, dass sie sich des Unbrauchbaren entledigt, sondern dass sie das Brauchbare verkommen lässt und sich dabei auf dem Gipfel aller Schlauheit wähnt.

Die Beliebigkeit des Kunststoffs wird aber erst dadurch vollkommen und grenzenlos, dass er in beliebiger Variation erschaffen werden kann. Alle seine zweckmäßigen Eigenschaften können in unendlicher Vielfalt abgewandelt und nach Wunsch vorherbestimmt werden. Die Herstellung von Dingen hat sich nicht mehr der Eigenart der Stoffe anzubequemen, vielmehr wird mit Hilfe von Formeln und Tabellen der Stoff für seinen Zweck zubereitet. Dieser Umstand erfüllt die Plastikmacher mit besonderem Stolz, hier entfaltet sich ihre ganze Souveränität der Materie gegenüber, und vor die staunende Kundschaft treten sie als fröhliche Alchemisten, die entdeckt haben, dass der Stein der Weisen eigentlich ein Sack voll unterschiedlicher Kiesel ist, aus dem sie bereitwillig die passenden austeilen, je nachdem, ob es um Klosettdeckel oder Herzklappen geht.

Das Bau-Prinzip solcher Beliebigkeit ist das der Makromoleküle. Aus tausend und mehr Atomen zusammengesetzte Riesen-Moleküle erstrecken sich fadenartig, sind verzweigt und vernetzt, und die Eigenschaften der Stoffe hängen ab von Zahl und Art der Bestandteile und ihrer Verbindung untereinander. Bei einer bestimmten Gruppe von Kunststoffen, den Polyurethanen, spricht man geradezu von einem „Baukasten“, aus dem man in unendlichen Kombinationsmöglichkeiten die Bausteine zusammensetzen kann zu irgendeinem neuen Stoff.

Die durch und durch geplante, am Reißbrett vorentworfene Materie ist im Sinne der Chemie „organischer“ Natur, das heißt, sie enthält Kohlenstoff, und sie bedarf zu ihrer Herstellung organischer Grundstoffe. Holz, Kohle und Öl sind, ihrer Herkunft zur Unkenntlichkeit entfremdet, die Ausgangsstoffe aller Plastikmaterialien. Die Kohlenstoffchemie begann vor 140 Jahren mit der aufsehenerregenden Entdeckung Friedrich Wöhlers, dass man organische Stoffe aus anorganischen synthetisch herstellen kann.

Hier, bei den Kunststoffen, geschieht (freilich nicht im chemischen, sondern nur in einem metaphorischen Sinn) das Umgekehrte: aus dem organischen Material wird ein Stoff zubereitet, der durchaus „anorganischen“ Charakter hat, seine Existenz keiner Art von Wachstum verdankt, sondern der reinen Addition des Immergleichen. Was dabei entsteht, ist in jedem Fall eine Art von Teig, der fürs bloße Auge amorph und gleichförmig ist und höchstens im submikroskopischen Bereich die Andeutung von Strukturen erkennen lässt.

Jedes Material zeigt die Spuren seiner Entstehung oder Herstellung als inneres Gefüge. Holz hat Zellen und Fasern, Gesteine haben Spaltrichtungen und Klüfte, und noch im gegossenem Metall oder Glas gibt es verborgene Strukturen, die im Klang der Stoffe hörbar werden. Der Kunststoff hat kein solches inneres Gefüge, kein innerer Bauplan zeigt Spannungszonen, Spaltebenen oder Bereiche unterschiedlicher Dichte, die Masse ist an jedem Punkt sich selber gleich. Das hat Folgen:

Während bei allen anderen Materialien mit dem Plan ihrer inneren Struktur zugleich die

Möglichkeiten der Bearbeitung definiert und begrenzt werden, bleibt Plastik stets etwas vollkommen Beliebiges. Plastik kann durch Spinndüsen gepresst und zu Fäden gezogen werden, kann genauso gut zu Schaum gerührt und dann verfestigt werden oder lässt sich, in Formen gegossen, zu kompakten oder hohlen Gegenständen verarbeiten.

Der Stoff, dessen Zusammensetzung und zweckmäßige Eigenart so haargenau festgelegt ist, bleibt ein uneigentlicher Stoff, der keine ihm eigene Form gewinnen kann, sondern nur von der Imitation und oft genug vom Nachäffen lebt. Wo der Versuch einer „kunststoffgerechten" Formung unternommen wird, da ergibt sich stets etwas Ungefähres, Verquollenes, irgendwo zwischen Hefebrot und Doppelkinn stehend.

Kein Gesetz der inneren Struktur verwehrt den Plastikmachern irgendetwas, und diese Freiheit nutzen sie ausschweifend, verwechseln sie mit irgendeiner Art von entbindender Befreiung und interpretieren sie als Einladung, mit ihrem Stoff in den letzten Winkel des Lebens einzudringen und ihre Produkte auch dem Unwilligsten aufzunötigen.

Dies geschieht nicht nur aus Stolz auf den selbstgemachten Stoff und seine beliebige Verwendbarkeit, sondern beruht auch auf den Notwendigkeiten der Produktion: Nur die Unmenge lohnt den Aufwand der Herstellung des Rohstoffs, und nur die Großserie macht es profitabel, die Spritzguss- und Tiefziehmaschinen in Gang zu setzen. Was aus ihnen quillt, wie einst die Wasserfluten beim Zauberlehrling, das muss so schnell wie möglich verteilt werden, und so gibt es kaum einen denkbaren Bereich, den der Kunststoff nicht schon erobert hätte oder zu dessen Eroberung er nicht fest gewillt wäre.

Mit jedem Tag schreitet die Eroberung fort, und wo die Zunft ihre Messefeste begeht und vorzeigt, was sie kann, da kommt es zu orgiastischer Selbstdarstellung, bei der noch die Fehlflüsse hinter Glas als Denkmäler installiert werden und der aus Abwasser-Rohren zusammengebastelte Brunnen in der Form eines Tannenbaumes als neue Dimension technologischer Ästhetik dargeboten wird. Plastik kann alles.

Das eigentlich Erstaunliche an dieser Euphorie ist die Begeisterung, mit welcher der Verzicht auf alle möglichen Sinneseindrücke gefeiert wird: Jubelnd begrüßt man einen Stoff, der, wenn überhaupt, nur stumpf und flach klingt, der dem Tastsinn nichts weiter bietet als eine perfekte Glätte, durch serienmäßige imitatorische Prägung nur notdürftig kaschiert, einen Stoff, der weder schmeckt noch riecht, und wenn, dann widerwärtig. Das einzige, was sich an ihm erfassen lässt, ist der Unterschied von hart und weich.

Aus dieser Kargheit der sinnlichen Qualitäten rührt die tote, anorganische Wirkung her, die von Plastik ausgeht. Die Addition der Moleküle führt zu nichts als einer banalen und nackten Zweckmäßigkeit, der Stoff bleibt uneigentlich und ist fast nur in Negationen zu beschreiben, selbst bei den Geweben, wo der Kunststoff die Textur der Vorbilder übernehmen kann, an einem kalten Schimmer aber stets kenntlich bleibt. Und während die Produzenten das Hohelied der pflegeleichten Knitterfestigkeit singen, behandeln die Hautärzte allerlei juckende Pusteln an Hälsen und Schenkeln, durch die ein beleidigter Tastsinn bekanntmacht, wie ihm zumute ist.

Gibt man dem Kunststoff eine Form, in der andere Materialien zu klingen beginnen, etwa die Form des Bechers, dann erzeugt er allenfalls ein Scheppern, so tonlos flach, dass dagegen eine blecherne Bierdose schier fröhlich tönt. Klang ist der Widerhall einer inneren Strukturierung – der makromolekulare Teig kann nicht schwingen, sondern höchstens klappern oder dröhnen.

Der Geruch, der dem Kunststoff anhaften kann, besteht nur aus hinterlassenen Partikeln des Herstellungsvorgangs, es ist der Geruch nach Säuren und Lösungsmitteln, ein bedrohlicher Dunst aus den Garküchen des Fortschritts, und da die Einfärbung der Plastikmasse noch Schwierigkeiten bereitet, ist auch dem Auge nichts Besseres vergönnt als eine einfältige, dürftige Skala greller Töne. Man gibt sie, um daraus das Bestmögliche zu machen, als Signalement moderner Lebensfreude aus, was, wenn es wirklich stimmt, auf diese ein schlechtes Licht wirft.

Hebt man einen Plastikgegenstand auf, so überrascht immer wieder seine Leichtigkeit. Sie bedeutet, in der Checkliste der Zweckmäßigkeiten, einen Vorteil, doch wird er damit erkauft, dass unzählige Gegenstände aus Plastik zu leicht sind für das, was sie darstellen. Was beim Eimer in der Tat „praktisch" ist, ist beim Salzfass unsinnig und bei Milchbecher unzweckmäßig. Leichtigkeit ist kein Wert an sich, und die Prinzipien des Campinginventars zu verallgemeinern ist kein taugliches Mittel, unbeschwerte Heiterkeit ins Leben zu bringen.

Das Augenmaß wird ungültig gemacht, doch nicht in dem Sinne, dass sich das Leichte aus der Spannung zwischen dem Material und seinen Möglichkeiten als Äußerstes erhebt, sondern im Sinne der Täuschung. Die Tänzerin auf dem Seil erregt Bewunderung, weil man weiß, dass sie hundert Pfund wiegt, aber wer einen Schaumstoffblock vom Umfang eines mittleren Autos am kleinen Finger hängen hat, wirkt nur lächerlich.

Solche Betrachtung der sinnlichen Qualitäten des Kunststoffs muss es sich gefallen lassen, dass sie als Sentimentalität verhöhnt und als fortschrittsfeindliche Nörgelei abgetan wird. Die Zweckmäßigkeit herrscht souverän. Wenn der Nachweis der Nützlichkeit abgeliefert ist, sind Rückfragen unerwünscht.

Aber schon die erste flüchtige Erwägung zeigt deutlich das Ausmaß an Verzicht, das hier in wohlgemuter Progressivität geleistet wird. Von Tag zu Tag vermindert man die Möglichkeiten, bei der Ausübung täglicher Handgriffe und Verrichtungen taktile und optische Reize gratis und frei ins Haus geliefert zu bekommen, Klänge zu unterscheiden und in der Andeutung von Düften und Gerüchen (die ja noch dem Stahl und Beton eigen sind) mit der Fülle der Wahrnehmungen zugleich die Fülle der Welt aufzunehmen. Wo dies mehr und mehr reduziert wird auf den Umgang mit dem glatten, tonlosen Makromolekularen, da muss natürlich Erlebnis-Ersatz herbeigeschafft werden.

Im Zweifelsfalle dient als Ausweg nicht die Beseitigung der Plastikgegenstände, sondern ihre Vermehrung: Was das Ding an sich nicht zu leisten vermag, soll die Addition ersetzen.

Die synthetische Lustigkeit des gesamten Plastik-Kunstgewerbes zeigt das sehr eindrucksvoll. Am deutlichsten aber geschieht es in jener Form der Kunstübung, die zum erklärten Ziel hat, Bewusstmachung zu treiben, also, unter anderem, auf die Gegenständlichkeit der Gegenstände hinzuweisen und dabei zugleich zu zeigen, dass Kunst und Leben nicht auf verschiedenen Etagen spielen.

Das ist wahr, doch sind Kunst und Leben eben nicht eins in dem Sinne, dass es nötig wäre, Kunst zu machen und dann zu zeigen, dass diese Leben ist, sondern umgekehrt wäre darauf aufmerksam zu machen, dass Leben, wo es noch nicht unter der Plastikschicht verkommt, Kunst ist.

Hier aber wird mit Hilfe des Kunststoffs eine Art von überdimensionalem Kunstgewerbe veranstaltet, das sich von dem in Boutiquen erhältlichen nur in der Preisgestaltung unterscheidet. Indem man den Kunststoff benutzt, demonstriert man zugleich, worauf denn die Notwendigkeit der Bewusstmachung des Gegenständlichen, des Vorhandenen überhaupt beruht: eben auf der Austreibung der sinnlichen Qualitäten aus dem täglichen Leben. Pop und Op in Form von Plastik-Machenschaften zeigt nicht die Fülle des Wahrnehmbaren, sondern kennzeichnet nur das bodenlose Gelände, in dem diese Fülle zu versickern beginnt.

Da wird, unter dem Vorwand munteren Befreitseins und gemeinverständlicher Aufgeklärheit ein Leichentuch geschwenkt, das man zuvor bunt eingefärbt hat, – aber selbst wenn man eine ganze Stadt darin verpacken würde, bewiese das nicht mehr, als dass man eben eine ganze Stadt in Plastik verpacken kann. Die Durchdringung von Kunst und Leben war eine tägliche Selbstverständlichkeit und konnte der Bewusstmachung gegen Entgelt entraten, solange die Backschüsseln aus Steingut und die Zahnbecher aus Porzellan waren. Es ist ein spukhafter Vorgang, wenn jetzt die Bewusstmachung sinnlicher Qualitäten vornehmlich mit Hilfe des gleichen Stoffes erfolgt, dessen Armut an sinnlichen Qualitäten die ganze Bedürftigkeit überhaupt erst hervorgebracht hat.

Die Einübung beginnt beim Neugeborenen. Die ersten Gegenstände, die es erblickt und in Greifnähe gehängt bekommt, sind, nach dem Willen der einschlägigen Industrie, Kugeln und Rasseln aus Plastik. Das flache Scheppern dünnwandiger Kunststoffgegenstände gehört zu den ersten Lauten, die das Kind selbst zu erzeugen vermag und die öde Glätte dieser Gegenstände gehört zu den ersten Eindrücken, die seine Fingerspitzen empfangen: Es ist eben nicht die Glätte polierter Holzkugeln, die noch eine Andeutung der faserigen Grundstruktur des Holzes weitergeben, sondern es ist die unbelebte Glätte des makromolekularen Teiges.

Dass diese Gegenstände erster Welterfahrung hygienisch und darum so überaus zweckmäßig seien, ist einer jener Reklame-Vorwände, mit denen man es bei Plastik immer zu tun hat, weil eben vollkommene Zweckmäßigkeit das einzige ist, woran die Plastikmacher zu denken vermögen. Wenn sie einmal das Wort „schön" verwenden, ist das entweder eine verbale Konzession an überholte Kategorien oder es ist das Missverständnis, dass hier gewissermaßen eine neue fortschrittliche Art von Schönheit erstehe. Was aber die Hygiene angeht, so spricht dagegen die schmierige, fest haftende Schicht aus Staub und Speichel, Dunst und Dreck, die sich auf der Oberfläche von Plastikartikeln bindet.

Die Kinder-Wiege wird mit Plastiksachen angefüllt und am Verdeck des Kinderwagens baumelt allerlei polymerisierter Zeitvertreib. Die Gewöhnung erfolgt so zeitig und gründlich, dass die innige Überzeugung von der unübertrefflichen Zweckmäßigkeit des Kunststoffs später von keinem ästhetischen Zweifel mehr ins Wanken gebracht werden kann.

Was nach dem Beißring und nach der Rassel aus Plastik dem größer werdenden Kind offeriert wird, ist eine unermessliche Ansammlung von Gegenständen, die zeigt, dass die Beliebigkeit des Kunststoffs es erlaubt, noch den schlimmsten Wachtraum eines Spielzeugherstellers in die Tat umzusetzen. Da ist schlechthin alles möglich, die makromolekulare Knetmasse setzt keiner Ausgeburt einer bresthaften Phantasie irgendein Hindernis im Stofflichen entgegen, abstruse Form-Einfälle werden, wenn sie einen Markterfolg erhoffen lassen, sogleich materialisiert und von der Maschine in Abertausenden von Exemplaren ausgespien:

Wie ideologisch verstockt diejenigen erscheinen mögen, die beim Spielzeug der Kinder dem Grundstoff Holz das Wort reden, wie verklemmt und sentimental die feindselige Haltung dem Kunststoff gegenüber sein mag – all das erscheint harmlos gegenüber der grimmigen Entschlossenheit, mit der die Plastikmacher die Kinderwelt zu einer Welt aus Plastik zu machen suchen – vom Beißring bis zum Dreirad. Was immer an Qualitätsmerkmalen für Kinderspielzeug denkbar ist: sie reklamieren es für den Kunststoff, vor allem anderen die relative Unzerbrechlichkeit.

Dabei ist gerade diese gewiss eine der bedenklichsten Qualitäten des Kunststoffs. Das Kind nämlich, dem man mit Hilfe von Plastikartikeln die Unzerbrechlichkeit der Dinge zur Selbstverständlichkeit macht, wird, solange die Welt noch nicht zur Gänze aus Kunststoff besteht, dereinst seine Schwierigkeiten haben, mit Gläsern, Eiern und Tellern angemessen umzugehen, es wird seine Lektion in Materialkunde nachlernen müssen, irgendwann. Die Reduzierung des Kinderspielzeugs auf Plastikartikel verhindert, dass das Kind im Spiel Bekanntschaft mit den Materialien schließt, aus denen diese Welt gemacht ist, die Eigenschaften und Möglichkeiten erkennt, die Holz und Glas und Blech, Stoff und Stein voneinander unterscheiden. Weit und breit ist kein Vorteil zu sehen, der damit verbunden sein könnte, dass man solche Erfahrung hinausschiebt.

Dagegen ist der Nachteil offenkundig, der darin liegt, dass der ständige Umgang mit Unzerbrechlichem die Gleichgültigkeit den Dingen gegenüber nicht nur fördert, sondern überhaupt erst hervorbringt, so wie die Billigkeit und beliebige Verfügbarkeit der Gegenstände eine Nachlässigkeit erzeugt, die den Produzenten gerade recht kommt.

So viel Unzerbrechlichkeit, so viel anempfohlene und als praktischer Fortschritt gepriesene Gleichgültigkeit den Dingen gegenüber kann nicht ohne Folgen bleiben, und es ist von einleuchtender Konsequenz, wenn die, die aus den Kinderzimmern kommen, anschließend die Demolierung öffentlicher Einrichtungen betreiben.

Die Eroberung des Kinderzimmers durch den Kunststoff wurde vollendet und bekrönt durch einen Baukasten, der die Eigenschaften und Un-Eigenschaften des Kunststoffs exemplarisch vorzeigt. Seine Erfinder bezeichnen ihn als genialen Einfall und preisen ihn mit der Aufforderung an:

„Nehmen Sie zwei Bausteine in die Hand und drücken Sie sie aufeinander! Schon werden Sie verstehen, warum Millionen Kinder in aller Welt begeistert mit diesen Steinen spielen."

In der Tat ist es ein verblüffendes Gefühl, zwei solcher Steine aufeinander zu drücken: mit einem weichen Knacken rasten die Noppen des einen Steins in die Hohlräume des anderen ein, die beiden Bauelemente haften aneinander, fest genug, um jeder vernünftigen Beanspruchung standzuhalten, lose genug, dass man sie jederzeit wieder voneinander lösen kann. Das Verfahren ist, wenn nicht genial, so doch zumindest überaus zweckmäßig; es bedarf keiner

Erläuterung, keiner Einsicht in die Gesetze der Mechanik und es hat im Laufe weniger Jahre allen anderen Baukästen den Rang abgelaufen. Die vielfach gelochte Metall-Leiste, die mit Schrauben und Muttern verbunden werden muss und die Prinzipien des Stahlbaues im Kleinen wiederholt, ist in den Kinderzimmern kaum mehr anzutreffen, der Baustein mit den Noppen auf der Oberseite und dem Hohlprofil auf der Unterseite ist an seine Stelle getreten.

Die Faszination ist verständlich: Mit diesen Bausteinen ist alles möglich. Häuser, Schiffe, Garagen und Soldaten, Windmühlen, Raketen und Eisenbahnen können damit gebaut werden: nichts, was in dieser Welt der Noppensteine unmöglich wäre, nichts, was sich nicht wenigstens dem Schema nach verwirklichen ließe. Ein Ideenbuch sorgt dafür, dass jeder Benutzer selbst beim Eichhörnchen noch erfährt, wie es aussehen würde, wenn auch der liebe Gott seinerzeit mit Noppensteinchen gebaut hätte.

Mit den Noppen ist ein Urproblem aller konstruktiven Arbeit wie von Zauberhand weggewischt, die Frage nämlich, wie man denn die

Teile zum Ganzen verbinden könne: Hier lässt sich alles mit allem zusammenknöpfen. Aber für das Spiel der Kinder gilt, dass mit jeder Schwierigkeit auch eine Erfahrungsmöglichkeit beseitigt wird.

Der Kunststoff, der schon die Erfahrung der Zerbrechlichkeit und die der Materialunterschiede aus dem Kinderzimmer weitgehend vertrieben hat, lässt, mit dem Trick eines nur von Präzisionsmaschinen herstellbaren Klemm-Mechanismus auch noch einen großen Teil der ersten Grunderfahrungen in Sachen der Mechanik einfach verschwinden: Stabilität und Gleichgewicht, Schwerpunkt und Hebelwirkung, das kommt hier höchstens andeutungsweise vor.

Dafür sind Fehlkonstruktionen, Irrtümer und anderes Misslingen so gut wie ausgeschlossen, und die Möglichkeit der unmäßigen Addition ist so verlockend, wie eben Völlerei verlockend ist. Die Unersättlichkeit beim Ankauf weiterer Druckknopf-Steinchen lässt ahnen, dass der eigentliche Hunger ungestillt bleibt; die Addition der Noppensteine ist eine Spiegelung der molekularen Addition, die im Stoff selber stattfindet, und wie diese findet sie ihre Erfüllung nicht im Ergebnis einer Form, sondern sucht sie nur in der Unaufhörlichkeit des Vorgangs.

Der Beißring aus Plastik als erste Einübung für den Menschen, der gerade auf die Welt gekommen ist – das ist der Anfang.

Es folgen die Noppensteinchen und es folgt dann, nach dem Spielzeug für die Kinder, das für die Erwachsenen: ein Wust von praktischen und höchst unpraktischen, von notwendigen und ganz überflüssigen Gegenständen, die nach und nach das hergebrachte Inventar ersetzen und deren Vordringen sich niemand mehr ernstlich widersetzen kann.

Es mag ja wirklich so sein, dass die Herstellung kratzfester Tischplatten ein vernünftiger Fortschritt ist und der Hang zum Holz ein Überbleibsel aus Großvaters Zeiten. Aber dann bleibt es wunderlich, dass auf dem Markt, auf dem der kratzfeste Tisch als „progressiv“ ausgerufen wird, zugleich der polierte Mahagonitisch als „exklusiv“ gilt. Vielleicht sind demnach die verleugneten älteren Maßstäbe immer noch in Kraft, nur mit dem Unterschied, dass sie ein Geheimtipp für die gehobenen Stände bleiben.

Es mag ja auch zutreffen, dass eine rapide wachsende Menschheit die neuen Stoffe bitter nötig hat, weil die alten gar nicht ausreichen würden. Aber dann wäre Plastik nichts als ein grandioser Ersatzartikel, und davon ist nie und nimmer die Rede, sondern immer nur vom Fortschritt.

Es mag ja ferner sein, dass sich bei Herzklappen, künstlichen Arterien und Regenrinnen aus Plastik die Frage nach den sinnlichen Qualitäten von selbst verbietet. Aber dann stellt sie sich bei den Wandverkleidungen von Untergrundbahn-Stationen umso dringlicher, weil hier auf dem Weg über das Auge ganze Stadtbevölkerungen deformiert werden.

Der Kunststoff, der, Stück für Stück, das Bauwesen „erobert", sieht sich auf dem Weg zu den höheren Weihen des Polymerisationsmysteriums und kann die Schlussapotheose kaum erwarten: das Haus aus Plastik.

Der makromolekulare Teig, zum Gehäuse

geformt, zeigt die Gestalt von Fernsehapparaten oder Fliegenden Untertassen, versucht die Ähnlichkeit mit üblichen Hausformen so weit wie möglich zu meiden und stattdessen eine plastikeigene Form zu verwirklichen, – aber aus den Gucklöchern der amöbenhaft beliebig geschäumten oder geschweißten Unterkünfte glotzt die Lächerlichkeit derer, die sich schrecklich übernommen haben.

Die mangelnde Steifigkeit des Stoffes verbietet es nämlich, über die Dimensionen des Wochenendhäuschens hinauszugehen, und so bleibt es bei der transportablen Bude für progressive Ferientage. Bei jedem Schritt, den man in einer solchen Kabine tut, wird hörbar und spürbar, dass, in Ermangelung der notwendigen Bau-Masse, gar kein Haus entstehen kann, sondern immer nur eine Frischhaltepackung für die moderne Familie, scheppernd und dröhnend und gegen Einwirkungen von außen nur unzureichend Schutz bietend. Die Wärmedämmung geschäumter Wandschichten vermag die Speicherkapazität von Mauern nicht zu ersetzen, die reine Abwehr nützt nichts, wenn sie nicht mit dem Vermögen zum langsamen Ausgleich zwischen den Gegensätzen verbunden ist, – und was den Schall betrifft, so geht er mühelos hindurch: ihm ist mit Schaum überhaupt nicht beizukommen, sondern nur mit einer Baumasse, die ihn aufnimmt.

Die säurefeste wartungsfreie Fassadenverkleidung ist noch am ehesten eine Aufgabe, die der Stoff zu erfüllen vermag, eine feinere Art von Täuschung also und durchaus kein Grund, der Verwendung von Plastik im Bauwesen als einer „Befreiung von konventionellen Fesseln" zu huldigen.

Nur konsequent ist da die längst in Ansätzen und Musterbeispielen als bildhauerische Leistung vorgeführte Vision, Häuser hinter bunten Quadern aus gewichtslosem Plastikschaum verschwinden zu lassen, dem horror vacui mit sogenannten „Raumfüllern" zu begegnen und die Verwandlung der Welt in eine Ansammlung einfältiger Versatzstücke dann als „tektonische" Aktivität auszugeben, während drinnen – auch dies praktizierte Vision – die progressive Wohnkultur sich vornehmlich als ein fetales Hocken in formgeschäumten Höhlungen darbietet.

Dass die Sitzschalen des Olympiastadions eine schlimme Ähnlichkeit mit Pissoirbecken haben, ist kein Zufall: Wo der zweckmäßige Stoff in zweckmäßige Form gebracht wird, da erhält er stets den Charakter der sanitären Installation, und jeder Wettbewerb für gute Formgebung erweckt den Eindruck, die preisgekrönten Gegenstände seien gar nicht nach ihrer Schönheit, sondern nach ihrer Abwaschbarkeit ausgesucht worden.

Wer es aber wagen würde, einen Kausalzusammenhang zwischen dem Grad des Wohlbefindens einerseits und einem Zahnputzbecher andererseits zu konstatieren, in der Weise, dass der povere Zahnputzbecher aus Plastik schon am frühen Morgen das Unbehagen weckt, dessen Quelle dann ganz anderswo gesucht wird, – der würde als Narr verlacht.

Denn Plastik ist termitenfest, schwer entflammbar, säurebeständig und unverwüstlich.

Unverwüstlich, wahrhaftig: Das Material, das, wie seine Anbieter immer wieder versichern, aus der Industriegesellschaft gar nicht mehr wegzudenken ist, hat ja den Nachteil, dass es aus dieser auch kaum mehr wegzuschaffen ist und sich zu Bergen stapelt, so dass, auf die Länge gesehen, sehr wohl die Industriegesellschaft aus dem Kunststoff wegzudenken wäre, indem dieser die Erde bedeckt und für die Industriegesellschaft gar keinen Platz mehr lässt.

Die Aufhebung aller Eigentlichkeit durch den uneigentlichen Stoff hat, während die Zweckmäßigkeit ihre Sprüchlein klopft, schon Kontur gewonnen.

„Die Dezimierung der Welt ist mit ihrer Dezimalisierung eng verknüpft.“

ZUR PERSON JÜRGEN DAHLS

Jürgen Dahl wurde 1929 in Moers geboren und war nach einer Ausbildung in Buchhandel und Verlag von 1955 bis 1964 selbstständiger Buchhändler und Gründer der nach ihm benannten Krefelder Buchhandlung. Danach arbeitete er als freier Schriftsteller und Journalist. Bekannt wurde er durch seine Gartenkolumnen in den Zeitschriften *natur*, *kraut & rüben*, *Flora* und dem *ZEITmagazin* sowie als Autor zahlreicher philosophischer und naturwissenschaftlicher Artikel und Bücher. Ab 1974 war er Mitherausgeber der Zeitschrift *Scheidewege*, einer *Jahresschrift für skeptisches Denken*, die von Friedrich Georg Jünger und Max Himmelheber gegründet worden war. Der WestdeutscheRundfunk sendete Vorträge von Jürgen Dahl. Dahl interessierte sich schon früh für die Sprache mit all ihren Ausformungen und sammelte Limericks, Rätsel oder alte Komplimente. Ab 1958 veröffentlichte er Anthologien sowie kritische Abhandlungen über Autos, Atomenergie und Astronomie, bis er dann ab Mitte der 80er Jahre vor allem über Pflanzen, Garten und Ökologie schrieb. Als Gärtner beschäftigte er sich viel mit naturkundlichen und ökologischen Fragen. Er ermunterte zu Staunen und Ehrfurcht gegenüber der belebten Natur, die er durch Pestizide und rücksichtslose Ausbeutung gefährdet sah. Als skeptischer Umweltbeobachter und Kenner der Botanik erklärte er ökologische Zusammenhänge und forderte auf, nicht gegen die Natur zu arbeiten, sondern mit ihr. Er warnte vor Fortschrittsillusionen und wies auf die Gefahren vermeintlicher Verbesserungen der Natur durch den Menschen hin. Dahl trug neben anderen dazu bei, dass alte Obst- und Gemüsesorten vor dem Vergessen gerettet wurden. 1965 erhielt Dahl den Deutschen Journalistenpreis und 1987 den Bruno H. Schubert Preis für Naturschutz.

Zuletzt lebte Jürgen Dahl mit seiner Frau Hella auf dem Lindenhof in Kranenburg bei Kleve am Niederrhein, dessen Zier-, Nutz- und Lehrgarten in den Sommermonaten an Samstagen für Besucher offenstand. Er starb 2001. Der Feuilletonist Benedikt Erenz, von dem auch die Idee zu diesem Band ausging, schrieb in seinem Nachruf auf Dahl in der ZEIT: „Jürgen

Dahl war weder Schwärmer noch Experte. Er war ein Ökologe ‚über die Ökologie hinaus‘: ein Kenner der Natur, erklärender Aufklärer und Liebhaber des großen unbegreiflichen Gartens, vor dessen Verwüstung er immer wieder gewarnt hat. Bei allem Zorn ohne Eifer – und ohne Glauben bei aller Hoffnung. Er war einer der besten Essayisten deutscher Sprache. Und vor allem, bis zuletzt, bis zum Tag seines Todes, dem 6. Oktober: ein freier Mensch.“

Zu den Texten: Jürgen Dahls *Einrede gegen die Mobilität* und seine *Einrede gegen Plastic* wurden erstmals 1974 bei Langewiesche-Brandt gedruckt. *Der Anfang vom Ende der Autos* wurde erstmals 1971 im WDR gesendet und 1972 gedruckt.

Der VERLAG DAS KULTURELLE GEDÄCHTNIS dankt seinen Unterstützern: Reinhart Binder, Frederic Böhle, BUCHMARKT, Andrew & Jeff Goldstein, Philipp Graf, Eva Großjean-Ehe, Heinz Hörner, Lucian Krawczyk, Kathrin Kunkel-Razum, DAS MAGAZIN Die Kulturzeitschrift, Ulrich Noethen, Gabriele Pohlmann, Moritz Rauchhaus, Oliver Razum, Stefan Reiserer, Elisabeth Ruge, Thomas Sarbacher, Thomas Schöttler, Hartmut Sommer, Janine Stratmann, Beate Swoboda, den Gesellschaftern des Verlages sowie einigen Ungenannten, die im Dank eingeschlossen sind.

Besonderer Dank für dieses Buch gilt Dorothee Dahl, der Tochter Jürgen Dahls, die dem Plan der Veröffentlichung sogleich zustimmte und den Verlag tatkräftig unterstützte.

ISBN 978-3-946990-39-0
1. Auflage 2020

mis en bouteille au château

Einbandgestaltung: studio stg/2×Goldstein+Fronzcek
Gestaltung & Satz: studio stg, Berlin
studio-stg.com

Druck & Bindung: CPI books GmbH,
Ebner & Spiegel Ulm

Mehr zum Verlag auf
daskulturellegedächtnis.de